Vivir con arte

RANDOM CÓMICS

Papel certificado por el Forest Stewardship Council®

MIXTO
Papel procedente de fuentes responsables
FSC® C117695

Penguin Random House Grupo Editorial

Primera edición: mayo de 2021
Cuarta reimpresión: junio de 2023

Printed in Spain – Impreso en España

ISBN: 978-84-17247-96-6
Depósito legal: B-4.806-2021

Realización editorial de Somnins
Diseño de maqueta de Teresa Cebrián
Impreso en Gómez Aparicio, S. L.
Casarrubuelos (Madrid)

CM 4 7 9 6 B

JOAQUÍN SÁNCHEZ

Vivir con arte

RANDOM
CÓMICS

A mi equipo de dentro
y fuera del campo

ACTITUD

1

LA VIDA ES ACTITUD

La actitud ante la vida depende de ti: está en tus manos cómo te lo tomas. A mí, como a todo el mundo, me han pasado cosas malas. No porque sea un deportista de élite y tenga la vida más o menos resuelta, significa que me libro de los malos momentos. Hay gente que se piensa que el dolor solo es para ellos, ¡y no! La única diferencia entre unos y otros es cómo hacemos frente a los retos de la vida.

Todos tenemos algo en común: vivimos lo bueno, lo malo, lo peor y lo mejor. A todos nos toca luchar para conseguir lo mejor, sin dejar de disfrutar lo bueno; esforzándonos para pasar lo malo y superar lo peor. Porque de lo más bajo puedes subir a lo más alto… o al revés. Y el secreto de una buena vida siempre está en el mismo lugar: en tu cabeza, ¡y en tus manos!

La mentalidad y actitud es lo más importante. Con la edad que tengo, soy el más mayor de mi equipo. Eso me podría amargar, ¿no? Pues no: soy el primero en hacer bromas sobre mis achaques de la edad, o que los más jóvenes me dan mil vueltas corriendo. Eso sí, serán más rápidos, pero yo el campo me lo sigo comiendo como si estuviera haciendo las pruebas físicas para volver a jugar en el Betis por primera vez.

El único secreto es disfrutar del presente y trabajar para el futuro.

No importa si juegas al fútbol o al dominó, si eres peluquero o enfermera: tienes en tus manos el poder de reírte, de disfrutar y de vivir con arte.

Un cambio de actitud te puede cambiar la vida

2

HULIO COMO FILOSOFÍA DE VIDA

Hay gente que va por el mundo siempre pensando que va a pasar lo peor, menudos cenizos, ¿no? Más vale no tenerlos muy cerca... Se toman las cosas tan en serio que tienen miedo incluso a lo que no ha sucedido, se adelantan al futuro como si fuesen adivinos. A todos nos gustaría tenerlo todo bajo control, que nada salga mal, sin equivocaciones, pero...

Créeme: no hay ningún error tan grave como el quedarse parado por miedo a equivocarse, cuando tienes el balón es para jugarlo no para tener miedo. A veces, por culpa de tomarnos demasiado en serio las cosas, desarrollamos un sentimiento de vergüenza que nos impide ser nosotros mismos. Todo el día preocupados por el qué dirán los demás, qué va a pensar Menganito, qué va a opinar Fulanita... *Pisha*, ¡pero si a la gente le da igual! Te lo voy a decir muy claro: no somos tan importantes, y prueba de ello es que el mundo sigue girando hagas lo que hagas. Si te equivocas, no es el fin del mundo, solo una anécdota más. Piensa que los virales de caídas más famosos de internet solo duran unos días, ¡después ni te acuerdas! En cambio, **no hacer nada por temor a equivocarte es un error de por vida.**

Hace algunas temporadas tuve la gran suerte de poder llevar mi fútbol a otro gran país: Italia. ¡Qué bella que es! Si no has tenido la oportunidad de visitarla, te recomiendo que lo hagas en cuanto puedas. Fiché por la Fiorentina, de la ciudad de Florencia. Uno de los equipos más emblemáticos del Calcio, la liga italiana. Pues bien, si el fútbol es algo que se me da bien, aprender idiomas en poco tiempo no es lo mío. Vamos, que se me da fatal.

Pero ¿acaso me importó eso para poder trabajar allí? ¡En absoluto! Seguro que era capaz de hacerme entender enseguida. Y así fue: yo los entendía, y ellos me entendían... a medias. Hasta que después de un partido, con todo el cansancio del mundo, un periodista deportivo me hizo varias preguntas en italiano, sobrentendiendo que yo ya lo hablaba perfectamente. ¿Cuál fue mi reacción? Pues responderle perfectamente en italiano... Pero un italiano muy muy muy parecido al español. ¡Ole yo! Si buscas el vídeo en Youtube, podrás comprobar con tus propios ojos que con la risilla que se me escapaba iba transformando lentamente un tímido intento de chapurrear italiano en un nuevo idioma: el español con acento de Italia.

No saber el idioma podría haberme bloqueado, o incluso hecho que no me atreviese a trabajar en Italia. Pero piénsalo: ¿cuál era la opción? ¿Quedarme en mi casa sin jugar en Italia por no tener ni idea de italiano? ¿No contestar al periodista por miedo a equivocarme?

Yo salí hablando italiano inventado en la televisión de otro país, sin tener la más mínima vergüenza. La gente se rio mucho conmigo y al poco tiempo ya estaba todo olvidado. Bueno, aunque a algún periodista le gusta sacármelo en alguna entrevista de vez en cuando. No pasó absolutamente nada grave... ¡a no ser que se considere grave el tener dolor de barriga de tanto reír! Lo mismo me pasó en un programa de deportes de la televisión de España. Cuando me preguntaron por cuál era mi mayor *hobby* me quedé en blanco. No tenía ninguna respuesta en ese momento y decidí improvisar. «El tenis», contesté. Al otro lado de la cámara mi amigo Julio Baptista no podía aguantarse la risa. Él sabía perfectamente que yo no había jugado ni un partido de tenis en toda mi vida y que me lo estaba inventando para salir del paso. Y de ahí salió, entre risas, la famosa frase: «No sé ni coger una raqueta, Hulio».

Vivir no va tan en serio, así que lánzate, Hulio. ¿Qué puede salir tan mal? Puede ser que aciertes o puede ser que te equivoques. ¿En serio crees que hay tanta diferencia? Solo que si te quedas parado por miedo, lo único que significará es que estás embalsamado en vida. ¡No te equivocarás, pero porque no vivirás! Eso sí que sería un fracaso muy serio... En cambio, ¡no hay mejores risas que las de las pifias! Y de eso sé un rato, créeme...

Coge la raqueta, la pelota o tu cabeza... ¡Y lánzate!

3

EL DESPARPAJO

Siempre lo he tenido clarísimo. Incluso desde que era un crío: lo que más me caracteriza es el desparpajo. Siempre he sido igual: tanto para lo bueno como para lo no tan bueno, el desparpajo me ha acompañado siempre. ¡Forma parte de mi ADN!

Cada uno tiene su punto fuerte, aquello que lo caracteriza, que es su arte. El desparpajo forma parte de mí, así que desde siempre que lo he usado y disfrutado. Tengo una sonrisa de pícaro que si la junto con una buena coña, consigo alegrarle el día a cualquiera. **Por eso tienes que preguntarte ahora mismo: ¿qué es lo que te hace ser tú?**

Parece una pregunta fácil, pero si te pones a pensar te va a costar dar con una respuesta que te guste a la primera. Esa pregunta, si te la haces en serio, te va a poner en duda. Te daré más pistas: ¿qué rasgo de tu carácter es el que te ha hecho conseguir más cosas? ¿Eres una persona testaruda? ¿Eres optimista? ¿Eres disciplinado? Repasa un poco tu trayectoria hasta el día de hoy.

Tienes que aprender a detectar tus puntos fuertes y, sobre todo, a potenciarlos al máximo. A no esconderlos. Si yo sé que tengo velocidad en el campo de fútbol, la voy a explotar al máximo. Si tengo buen regate, o tengo un buen pase de larga distancia, lo mismo. Para ganar tienes que ir con tus mejores armas. En la vida eso es tu forma de ser, tu carácter, tu tarjeta de visita.

Si quieres un truco para conocer un poco mejor esos puntos fuertes, es muy fácil. ¡Pregúntale a la gente que mejor te conoce! A tu pareja, a tus padres, a tus hermanos, a tus amigos, a tus compañeros de trabajo... ¡Será por gente! Si ellos están a tu lado en la vida, es porque les gusta algo de ti, no hay nada malo en preguntarles. **Ten un poco de desparpajo... ¡Como yo! No para tirarte flores (que tampoco va mal), sino para explotar mejor tus cualidades.**

Seguro que has visto a mucha gente que es famosa o que le va muy bien en la vida, y no tienen trabajos especialmente destacables. No todos son fútbolistas o cantantes, pero saben moverse muy bien. Saben gustar. ¿Y sabes cuál es el truco? Ser tú mismo. Explota quien eres, siéntete feliz de ser quien eres y eso conectará mejor con la gente.

Pero para que la gente te conozca bien, primero te tienes que conocer bien tú. Es imprescindible. Tienes que ser tu mejor amigo, quererte y tratarte como te mereces. El resto vendrá rodado. No tengas miedo o pereza a pasar tiempo solo para hacer las cosas que te gustan. Descubre quién eres y cuando lo sepas: NO LO ESCONDAS. Primero, conócete; y luego, ¡deja que los demás te conozcan!

Descubre tus puntos fuertes y compártelos con el mundo.

4

NI PUNTO DE COMPARACIÓN

Seguro que habrás oído mil veces el refrán de «las comparaciones son odiosas», ¿verdad? Y tiene razón. Son muy odiosas, pero mucho mucho mucho... Una de las peores cosas que puedes hacer es compararte con otra persona, aunque seáis de la misma calle, aunque seáis familia, o aunque seáis compañeros de trabajo. Cada persona es un universo, cada cual tiene una historia y una situación personal que no podemos llegar a conocer en absoluto. Como la tienes tú, ¿verdad?

En ocasiones vemos que a otras personas les va mejor que a nosotros y un sentimiento de envidia nos invade por dentro. A veces pensamos que no se lo merecen o que nosotros nos merecemos mucho más que ellos. Y a veces, sencillamente, nos preguntamos: **¿Por qué él sí y yo no?**

Sin embargo, pocas veces nos paramos a pensar en qué podemos hacer mejor para llegar más lejos nosotros, sin fijarnos en nadie más.

Te contaré una anécdota personal: el primer día que llegué a entrenar a la cantera del Betis vi que estaban jugando los que tenían un año menos que yo y me quedé sorprendido de lo rápidos, potentes y fuertes que eran. Si esos chavales a los que les sacaba uno o dos años eran así de increíbles, los de mi quinta serían todavía mejores... Durante varios segundos me hundí un poco. Yo pensaba que no duraría allí ni cinco minutos. Sin embargo, tiré de fuerza interior y no dejé que el miedo me paralizara, y ese día lo di todo en el primer entrenamiento. Al principio las cosas se pusieron difíciles para mí, pero no tiré la toalla. A mitad de temporada ya había conseguido ponerme al mismo nivel físico que los demás. Gracias a eso había mejorado de una forma que no hubiera conseguido de otra manera.

De mi generación llegamos a lo más alto unos siete u ocho jugadores, y los que se quedaron en el camino, algunos eran diez veces mejores que nosotros. ¿Por qué, si eran mejores, no habían llegado al primer equipo? Por fortaleza interior. **No siempre llegan a triunfar los mejores, sino los que más lo intentan y más se preparan para conseguirlo.**

En el fútbol, como en la vida, estar enfocado y trabajar duro en la sombra ayuda más que el talento innato. A talento te podrá ganar mucha gente, pero a trabajo duro seguro que no. Esa es tu diferencia. No te compares con los otros, sino compárate contigo mismo.

Seguro que los demás tienen mil cosas buenas, pero tú también las tienes: no renuncies a ellas, no las cambies por otro ni imites a los demás.

Si me hubiese acomplejado desde el primer día que vi que había jugadores mejores en el Betis, si hubiese cambiado mi manera de ser, de entrenar, de reír cuando vi que los demás tenían un físico envidiable y una actitud seria... Me hubiese hundido. Pero decidí ser yo mismo y no he necesitado cambiar mi carácter para llegar a lo más alto. Es más, si hubiese cambiado para llegar a triunfar, eso hubiese sido una derrota.

La gente me ha querido por ser como soy, no por intentar cambiar para encajar con los demás. Eso es tener carisma. Y eso se consigue siendo único, sin compararte.

Si hiciste bien la lista que te propuse en el capítulo anterior, seguro que ya tienes una idea aproximada de cuáles son esos puntos fuertes, lo que te hace único y lo que le gusta a la gente de ti. Esa es la imagen que proyectas en los demás, eso es lo que te hace realmente único. No cambies por nadie, ni por nada.

Tú fíjate en la gente a la que más admiras. Seguro que su personalidad tiene mucha importancia en esa admiración. No solo el talento, sino esa aura indescriptible que emanan. Tú también la tienes, solo tienes que dejarla salir sin miedo. Fíjate, pero sin compararte, ¿eh? No la vayamos a liar ahora… ¡Hasta los villanos más famosos tienen ese algo! ¿Lo ves? Todo el mundo es único y especial, deja de querer ser igual o de no destacar, rompe todas las cadenas y sal a mostrarle al mundo quién eres tú realmente.

Y a quien no le guste…
¡que no mire!

CONSTANCIA

5

TODO ES EMPEZAR

Seguro que una de las cosas que te dices es que ya es demasiado tarde para empezar, o que antes era todo mucho más sencillo, pero que ahora ya no, que ahora todo es difícil, que ha pasado el momento para hacer... Nada más lejos de la realidad. Comenzar siempre siempre siempre es complicado. Yo no me levanté de la cama una mañana y dije: «Venga, voy a jugar en el primer equipo del Betis». Tuve unos inicios bastante complicados. Y para que veas que no te miento (y para que puedas reírte un poco de mí conmigo), te los voy a explicar.

Yo empecé a jugar al fútbol de pequeño, como todos, y siendo un enano era muy fácil poder hacerlo. Antes se jugaba en la calle a todo y el propio esférico me llamaba la atención. Un niño ve que le das una patada a un balón y se mueve, y le gusta. ¡Y a mí me gustó desde el principio!

Primero el fútbol empezó como distracción, como *hobby*. Mi primer partido fue con seis años, cuando me apuntó mi padre al equipo de fútbol, y en ese partido di la nota. Y no precisamente para bien: cometí dos penaltis. Y no, no fueron dos penaltis porque fuese un defensa agresivo y brillante... fueron dos penaltis porque cogí el balón dentro el área con las manos. Así, como lo oyes: Joaquín el del Betis se estrenó por todo lo alto en el mundo del fútbol cogiendo la pelota con las manos. ¡Porque yo lo valgo!

Así que viendo mis propios inicios, me confirmo en lo que siempre digo: si yo he podido ser fútbolista, cualquiera puede. Luego ya me apuntaron a un equipo, el primero fue Los Frailes. Allí me inicié como fútbolista. Fue una etapa muy feliz: me costaba mucho levantarme para ir al colegio por las mañanas, pero el fin de semana no hacía falta que nadie me despertase. De hecho, yo jugaba al fútbol y al fútbol sala, para más inri. En Los Frailes estuve hasta cadete y después me pasé al Safa San Luis, que era uno de los mejores clubes para poder dar el salto a un equipo importante. Allí jugué dos años, aunque al ser tan joven todavía no me lo tomaba demasiado en serio, me gustaba más salir con los amigos, pero sin saltarme ni un entrenamiento. Intentaba compaginar

mi deporte favorito con la vida normal de un adolescente, eso ya era complicado de por sí.

Al final, en mi familia las cosas cambiaron, tanto mis dos hermanos como yo nos pusimos en serio con lo de ser fútbolistas. Mi hermano Lucas, el mayor, llegó a jugar en segunda división, en el Cádiz y el Portuense. Y mi hermano Ricardo, un solo año mayor que yo, jugó en el Betis. De hecho, yo prácticamente acabo en el Betis porque mi hermano jugaba en las categorías inferiores y yo iba mucho con mi padre a verle jugar. Iba tanto que un día le preguntaron si conocía a algún jugador bueno y mi hermano les habló de mí. Un día surgió la posibilidad de jugar en el equipo de mi hermano para hacer una prueba y todo salió bien. Ya se ve.

Algunos prefieren seguir saliendo con los amigos, conocer chicas, y otros nos centramos en lo que consideramos más importante. A mí han venido mis amigos a buscarme para salir de fiesta y les he tenido que decir que no podía, que necesitaba descansar para estar al cien por cien. **No se puede llegar al máximo nivel sin sacrificar partes de la vida que nos gustaría disfrutar más.** Si no lo hubiese hecho, me hubiese quedado cogiendo el balón con las manos jugando a fútbol, y mi vida hubiese cambiado para siempre.

Todo tiene un principio.
¡Comienza ya!

6

EL CAMINO NO SE HACE EN UN DÍA (NI EN DOS)

Aunque sea rápido de explicar por aquí, pasar de jugar en Los Frailes a debutar con el primer equipo del Betis no fue un camino corto, ni sencillo. Imagínate la cantidad de niños que están jugando al fútbol en toda Andalucía, solo unos pocos elegidos pueden formar parte de la cantera de un club profesional de una categoría alta. Ahora los chavales de la cantera no lo tienen tan difícil como entonces, está todo más profesionalizado, pero cuando yo era adolescente, veíamos muy difícil llegar al primer equipo. **¡Me siento un abuelo diciendo esto!**

Yo fui un niño normal con una infancia bastante feliz, me gustaba poco estudiar y aunque nunca me portaba mal del todo, lo mío no era clavar codos. Yo quería ser fútbolista o torero… Sí, antes del fútbol tuve un pequeño idilio con el mundo del toro. ¡Hasta llegué a estar apuntado a una escuela taurina! Lo que pasa es que cuanto más crecía más ganas tenía de tomar la alternativa y eso a mi madre no le gustó. Así que para que se me quitara la idea de la cabeza, mi padre me llevó a mi primer equipo de fútbol. Y a partir de ahí comenzó todo.

Mi familia es bastante numerosa y éramos humildes, aunque nunca nos faltó de nada. Soy el más pequeño de ocho hermanos, cuatro chicos y cuatro chicas, ¡imagínate!

Era un escándalo. Con tanto niño era imposible que mis padres se multiplicasen para darnos a todos la atención que queríamos. Por eso tuvimos la suerte de contar con mi tío: él siempre siempre estuvo allí. Como no tuvo hijos, nos hizo un poco de padre, y así lo sentimos: un segundo padre. Nunca he conocido a nadie mejor persona que él, pero no solo por lo que hacía por nosotros, sino por cómo era con todo aquel que se cruzaba en su camino. Ayudaba siempre a todo el mundo, se apellidase Sánchez, López o Conde.

Y a mí, Joaquín Sánchez, mi tío me ayudó a ser fútbolista profesional. De hecho, sin él no lo hubiese conseguido. Cuando empecé a entrenar con el Betis, iba en tren de Cádiz a Sevilla para ir a entrenar dos veces por semana, aunque después terminó siendo cada día. Cuando salía del instituto, mi madre me daba el bocadillo de tortilla con atún, y me iba al tren con mi hermano, mi cuñado y el resto de chavales que íbamos a entrenar. Y el viaje en tren no lo aprovechábamos precisamente para estudiar..., ¡era un *show*! **En el vagón en el que nos subíamos, las risas y la diversión estaban aseguradas.** Y para volver, lo mismo, pero teníamos que ducharnos un poco antes de acabar el entreno para poder llegar a tiempo a los trenes que nos devolvían de vuelta a casa. E incluso cuando no podía más... seguía, porque cada día era importante.

Y dirás: muy bien, ¿qué tiene que ver tu tío con los viajes en tren hasta Sevilla? Muy sencillo: sin él, no hubiese podido ir hasta Sevilla, porque era él quien me pagaba los viajes en tren. Mis padres ya hacían un esfuerzo económico importante para ayudar a mi hermano Ricardo, así que mi tío decidió hacerse cargo de mis gastos para que pudiese ir a entrenar. En vez de gastárselo en otra cosa, el dinero que él ganaba en el bar lo apartaba para mis viajes, para mis entrenos, para mi pasión. Y no solo me apoyaba con dinero: cada noche que yo llegaba de entrenar en tren, él me esperaba en la puerta de su casa fumándose un puro mientras paseaba a su perrito.

Siempre estuvo a mi lado y confió en mí incluso cuando no tenía motivos para hacerlo. Al fin y al cabo, solo era un chaval al que le gustaba el fútbol... Como cualquier otro. Pero él me motivaba. Como de pequeño jugaba de delantero, para animarme a buscar portería me decía: «Por cada gol que metas, te voy a dar mil pesetitas». Y cada vez que marcaba, la gente en la grada le decía: «Otras mil pesetitas». Y lo mejor de marcar gol no era solo el dinero, sino su alegría por haberme motivado a lograrlo.

Jugar en las categorías inferiores del Betis ya era flipante para cualquier chaval. Saber que estabas en un equipo profesional era increíble. Ahí es cuando empiezo a tomármelo un poquito más en serio. La competencia era feroz y no solo tenías que demostrar que eras bueno por ti mismo, sino que eras bueno en equipo. Cada año muchos jóvenes intentaban hacer las pruebas para entrar en la cantera y los mejores lo conseguían. Para llegar al primer equipo he cogido trenes, me he pegado madrugones y he entrenado bajo la lluvia (literalmente). Si tú quieres llegar a tu meta, cada día tendrás que entrenar..., ¡aunque no seas fútbolista!

Así que piensa una cosa: nadie consigue lo que se propone si no se esfuerza. Nadie lo tiene fácil en ningún sitio. Eso es solo una excusa para no ponerte las pilas y comenzar a darlo todo. Mi caso es solo un ejemplo: yo pasé de no saber jugar al fútbol con seis años a ser una leyenda del club de mis amores. Y no era ni de los mejores de mi generación, pero tenía otras cualidades tan o más importantes. Tú también las tienes, solo hay que tener ganas de sacrificarse y luchar por lo que queremos. Sin pensar en nadie más que en nosotros mismos. **Cada día cuenta.**

Cada día puedes acercarte a tu objetivo o alejarte de él.

7

QUIEN ALGO QUIERE ALGO LE CUESTA

Cuando terminas de ver una película y te ha gustado mucho un actor, te queda una cierta sensación de satisfacción. Los mismo ocurre cuando ves a un deportista que te apasiona o, incluso, cuando alguien de tu sector tiene un éxito arrollador. Pero pocas veces pensamos en que eso no es más que el resultado final de un camino muy largo lleno de esfuerzo para superar cada bache. Sí, también hay un porcentaje de talento natural, no lo olvidemos. Pero sin el trabajo duro, ese talento no servirá de mucho.

Yo mismo tuve que pasarme gran parte de mi vida de canterano viajando en tren cada día de El Puerto de Santa María a Sevilla. No cogía un tren, cogía dos trenes para ir a entrenar. Cada tarde, después del colegio, sin tiempo de descansar viajaba casi dos horas y después caminábamos otro rato desde la estación de tren al campo de entrenamiento. A la vuelta, el mismo trayecto, pero ya de noche y muy cansados. Cuando llegábamos a casa, apenas teníamos energía para meternos en la cama.

Cuando fichas por un gran equipo no empiezas conduciendo un deportivo y ganando millones. Al principio, tienes que sacrificarte al máximo y

darte cuenta de que si no pones toda la carne en el asador y apuestas por ti, luego no podrás quejarte de nada. Y ese esfuerzo no es de un día, ni de dos..., es de ser constante sin parar jamás.

Yo era un adolescente normal y corriente. Me gustaba quedar con mis amigos, pegarnos alguna buena fiesta de vez en cuando y dormir mucho y bien. Pero cuando tienes la oportunidad de dedicarte profesionalmente a lo que deseas, tienes que ser consciente de lo necesario que son los sacrificios. Lo repito: mejores jugadores que yo no lo consiguieron. Y no hablo de uno o dos, hablo de muchos. **Porque si no tienes claro lo que quieres y te centras para conseguirlo, de nada sirve todo lo demás.**

Muchos, cuando llegaron a la edad de elegir entre el sacrificio o pasarlo bien, eligieron la fiesta. Sí, a corto plazo te puede parecer que has acertado: unas cañitas con los amigos, salir hasta tarde, conocer a más chicas... Pero a la larga has perdido un tren que pocas veces puede pasar en la vida.

Estoy seguro de que en tu día a día te enfrentas a situaciones similares. Si quieres ser el mejor en tu sector, tienes que asumir pagar el precio del sacrificio. Y como te digo, no solo para ascender a lo más alto, sino para mantenerte.

Yo con casi cuarenta años sigo jugando al máximo nivel en el equipo de mis amores. ¿Y por qué? Porque me he adaptado a los nuevos tiempos. Sí, mi cuerpo ya no es el que era hace unos años y si quiero seguir a buen nivel sin parecer una vieja leyenda tengo que cuidarme al máximo. ¡Si hasta estoy comiendo verduras! Y mira que no puedo con las verduras de ningún tipo, pero debo hacerlo si quiero seguir jugando. Antes odiaba el gazpacho y ahora me encanta.

Cuando consigas llegar donde quieres, tienes que ser consciente de que el camino no ha hecho más que comenzar.

Piensa en la gente que viene empujando fuerte detrás y en que no quieres perder los privilegios de ser el mejor. Sacrificio es la palabra más repetida de este capítulo, pero porque quiero que se te meta bien en la cabeza. Ya tendrás tiempo de descansar, pero si quieres llegar a tu objetivo solo hay una manera de hacerlo: con esfuerzo, constancia y dedicación. **¡Déjate de excusas y ponte a trabajar!**

De nada sirve hacer un esprint si abandonas a la mitad.

8

PARA LLEGAR HAY QUE AGUANTAR

Hay veces en que todas las piezas del puzle van encajando a la primera y cuando consigues reunirlas todas puedes ver la imagen perfectamente. Otras veces cuesta mucho encontrar las últimas piezas que te permitan terminar tu propósito. Es en esos momentos en los que no podemos rendirnos, no podemos abandonar cuando estamos tan cerca del objetivo, por muy cansados que estemos.

Yo siempre soy una persona alegre, que es capaz de ver el lado optimista y divertido de las cosas, incluso de las situaciones más peliagudas. Pero cuando estuve a punto de subir al primer equipo casi me dejo arrollar por una espiral de negatividad. A punto estuve de tirar la toalla dos veces. ¡Dos veces! Y gracias a la gente que me rodeaba pude mantener mi mente fría y recapacitar.

Te lo voy a explicar bien: justo en ese momento en el que mejor me estaban yendo las cosas en el mundo del fútbol, cuando más cerca estaba del primer equipo, se me frenó la carrera: de repente, no juego. Sin motivo aparente, dejo de formar parte de los titulares. Estoy en el Betis Deportivo, el segundo equipo, y no soy capaz de evolucionar más. Me pego prácticamente la primera vuelta de la Liga sin jugar. Ahí, mi padre, que tiene la brujería de saber cómo estoy, incluso aunque no se lo cuente, se dio cuenta de que me estaba aburriendo de la situación. Mi padre intentó animarme de la mejor manera posible, diciéndome que había llegado tan lejos que no podía rendirme ahora. Pero claro, yo no estaba para escuchar consejos porque no veía que el entrenador confiase en mí. Perdí la confianza en mí mismo y estuve a punto de tirar mi carrera por la borda. Durante varias semanas me planteé la opción de dejar el fútbol, incluso. Dejarlo del todo, no darle al balón ni como *hobby*. Fuera de mi vida por completo. Pero afortunadamente mantuve la cabeza fría y conseguí superar ese momento de bajón.

No fue mi único momento de bajón. Meses antes tuve otro bastante grande, pero mi padre lo resolvió de una forma más «cariñosa»... La historia fue así: una mañana, cuando todavía jugaba en el juvenil del Betis, había sido convocado por la selección andaluza, lo cual es todo un honor. Mi padre, que siempre me llevaba y me traía en coche, se estaba preparando para llevarme a jugar a Sevilla. Yo llevaba ya varias semanas con la idea en la cabeza de dejar el fútbol, había perdido la motivación. Veía a mis amigos pasarlo bien y yo dudaba de que todo ese sacrificio que estaba haciendo valiera de verdad la pena. A esa edad es muy normal no pensar en el futuro como lo hago ahora. Justo antes de subir al coche me armé de valor, respiré hondo varias veces y me dirigí a la cocina, donde estaba mi padre desayunando, y le dije: «Papá, que he perdido la ilusión por jugar al fútbol. No quiero ir hoy a Sevilla a jugar con la andaluza, que eso no vale para nada...». Y él me contestó muy tranquilo: «Bueno, pues si no quieres jugar más, no seguiré perdiendo el tiempo contigo. Vuelve a la cama». Yo me quedé muy sorprendido de lo bien que se lo había tomado, pero pensé que simplemente tenía el día bueno. Entonces me giré para irme a mi habitación a seguir durmiendo y, antes de que me diera

tiempo a dar el primer paso, mi padre me dio una colleja en la nuca que se me quitaron las ganas de perder más el tiempo. Luego me dijo: «Ahora vamos para el partido y si después no quieres jugar más al fútbol, hablas con el entrenador y se lo dices».

Era un mal momento, era una mala mañana, y si hubiese tomado la decisión antes del partido... tal vez no habría jugado más. Pero mi padre tenía razón: gracias a él no me precipité, jugué, lo pasé fenomenal y me arrepentí de lo que había dicho. Por suerte, ¡no lo tiré todo por la borda antes de tiempo!

Después de esos dos momentos de bajón, mi vida sufrió un giro total. Durante mi etapa en el Betis Deportivo, tras muuuchos partidos sin jugar, un día el entrenador me puso un partido de titular, le gustó, y empecé a jugar muy seguido. Y a partir de ese momento ya no me sentó más en el banquillo. Al año siguiente me convocó el primer equipo para hacer con ellos la pretemporada.

En menos de seis meses había pensado en dejar el fútbol dos veces y luego conseguí llegar al primer equipo. Todo gracias a haber aguantado los peores momentos de mi carrera sin echarlo por la borda. En cualquier camino hay malas rachas y momentos difíciles en que lo dejarías todo. **Pero solo depende de ti ser más fuerte, mantener la cabeza fría, y seguir luchando.**

Abandonar significa perder.
Aguantar significa poder ganar.

9

NO SE GANA LA LIGA EN UN ÚNICO PARTIDO

La Liga no se gana en un único partido ni se pierde la guerra por perder una batalla. Nada de lo que realmente importa puede variar mucho en un pequeño fragmento de tiempo.

No sé si eres asiduo al gimnasio, pero si has ido alguna vez, te habrá asombrado la cantidad de personas fuertes y voluminosas que se pasean de máquina en máquina mientras se observan de reojo en el espejo. Sí, que algunos parecen cruasanes humanos... Mucha gente se apunta a hacer deporte y al ver esa escena deciden no regresar jamás. Les da cierta vergüenza empezar desde cero. Si comparan el peso que levantan con el que pueden levantar los musculosos, sienten que están haciendo el ridículo, y que no merece la pena seguir ni un segundo más ahí. **¡Error! Se les olvida algo muy importante.**

La gente que tiene cuerpos así de trabajados también fueron un día por primera vez al gimnasio. Y lo único que les hizo volverse así de fuertes y de definidos fue insistir cada día. Volver, volver y volver. Ir mejorando poco a poco y así, después de muchos meses, empezar a ver resultados. Pues en el fútbol y en la vida pasa igual.

A veces se gana, otras te quedas como estás, y algunas perderás también. Es muy difícil ser infalible, porque eso significaría no ser humano... y no creo que seas un extraterrestre (o, por lo menos, eso espero).

Diego Simeone puso de moda su filosofía para no crearse grandes expectativas y para no sufrir demasiado los encuentros desastrosos: hay que ir partido a partido. Vivir lo más pegado al presente posible y centrarnos únicamente en lo siguiente que pase de forma inmediata. Con ese cambio de chip, sus jugadores mejoraron mucho más de lo que lo venían haciendo con otros técnicos en el pasado. Te quitas un peso de encima muy grande si piensas de esa forma. ¿Qué importa si gano un partido? Tengo que seguir trabajando. ¿Qué importa si pierdo un partido? Tengo que seguir trabajando. Porque da igual si no te esfuerzas, porque los demás sí que lo están haciendo. Pensar de ese modo te vuelve poderoso porque te evita machacarte con preocupaciones que no van a ningún sitio.

Da igual como empieces, lo importante es empezar y seguir. Si a pesar de las derrotas y las victorias te centras en ir de uno en uno, llegarás mucho más lejos que si te pones a calcular el tiempo y los kilómetros que te quedan hasta la meta. Ninguna liga se ha ganado en un único partido; como sabes, es la competición más justa que existe, porque es el premio a la regularidad. Sí, suena a tópico, pero también es verdad, y en la vida pasa igual: cada día es importante y las derrotas forman parte de las mejores victorias.

Si te pones como objetivo ganar un campeonato, no puedes pensar que el primer partido que juegues ya va a definir el resto de la temporada.

La competición más justa es el premio a la regularidad.

10

DE JOAQUI EL CHINO A JOAQUÍN EL DEL BETIS

Yo no he sido toda la vida Joaquín el del Betis, ¿eh? Y eso que, incluso la temporada que no jugué en el Betis, seguían llamándome así. Pero antes de todo eso a mí la gente me conocía por otro nombre. Yo era Joaqui el Chino. De hecho, a veces cuando voy por El Puerto de Santa María todavía alguno me llama así. Y la verdad es que me pilla siempre de sorpresa, me cuesta creer que alguien se acuerde de ese mote. Pero si te digo la verdad, me hace mucha ilusión que todavía me llamen de esa forma. Yo me sigo sintiendo igual que entonces, sigo siendo el Chino de toda la vida. Te preguntarás que de dónde viene ese mote si yo no tengo los ojos rasgados. La explicación es muy sencilla: mi tío tenía un bar que todavía existe en nuestra ciudad, el bar de El Chino. A todos los miembros de nuestra familia nos conocen por el mismo mote, así de simple.

Lo que no es tan simple es el giro radical que dio mi vida con apenas veinte años. A esa edad debuté en primera división de la Liga, con pocos partidos, pero importantes. Después tuvimos la mala fortuna de que el

Betis bajó a segunda y ahí, en el peor momento del club, me afiancé en la primera plantilla. En esa época el Betis no podía contar con grandes fichajes y decidió apostar por la cantera, y gracias a eso, varios de mi generación conseguimos un hueco en el equipo. El sueño se estaba cumpliendo por fin.

Al año siguiente subimos a primera y me convocaron para jugar en la selección absoluta y acabé jugando el Mundial. Ese año fue pletórico, me pasó de todo. **En poco tiempo pasé de querer abandonar el fútbol a representar a mi país en el torneo más importante que existe.**

Y con esa edad, tan joven, es imposible ordenarte. Hubo una etapa en la que pensaba que era Maradona. Pasé de jugar en segunda a ser famoso y tener un buen contrato en muy poco tiempo. De ser un fútbolista más, de ser Joaqui El Chino, a ser Joaquín el del Betis. Gracias a que tuve a mi gente a mi lado, sobre todo a mi familia, no se me fue el ego de las manos. Con esa edad es muy complicado estar preparado para todo ese éxito. Y, claro, aquí mi padre no estaba para darme una colleja. Afortunadamente tuve momentos de lucidez y pude tomar las riendas. Mi padre me recordó que lo importante no es llegar, lo importante es mantenerte.

Un momento importante en aquella época fue conocer a mi mujer. Si no hubiese sido por ella, no sé lo que hubiera pasado con mi carrera. Mi mujer me ordenó mucho la vida. De no ser por mi familia y por ella no sé cómo lo hubiera logrado. Ellos me hicieron ver que tenía que valorar lo que había conseguido y que todavía me faltaba mucho por lograr.

Nunca he sido una persona loca, me he divertido, pero sin sobresaltos ni barbaridades. He sido capaz de centrarme siempre, hice mis locuras propias de la edad, pero sin más. Estar bien rodeado de gente que te dé buenos consejos es importante para triunfar. Eso y ser un poco miedica para no creerte Superman… **por muy bueno que seas, recuerda que eres humano: ¡jamás podrás volar!**

11

ERES TU PROPIO JEFE (PARA LO BUENO Y PARA LO MALO)

La gente suele pensar que las cosas van como van y que tienen que aceptar su situación sin plantearse cómo han llegado hasta donde están. Eso es aceptar que las cosas pasan porque sí y que tú no tienes el control de tu vida… y si no lo tienes tú, ¿quién lo tiene?

Si te quedas sentado esperando a que te pasen las cosas que deseas, lo más probable es que se te acabe durmiendo el culo de esperar. Todo va a depender de la energía que tú le pongas a lo que quieres conseguir. Tú imagínate que para marcar un gol yo me quedase quieto cerca de la portería y esperase allí a que algún compañero me pasase el balón y a que los defensas estuvieran despistados. Bueno, y a que el portero estuviera a por uvas. Si no estoy en movimiento y observando con los ojos abiertos, no podré aprovechar ninguna oportunidad. Y todo eso depende exclusivamente de mí. En el campo de fútbol soy mi propio jefe. Y tú también tienes que serlo en tu día a día, ¿no crees?

Ser tu propio jefe tiene cosas muy buenas, como tener el control absoluto de tu destino, y cosas muy malas, como asumir que los errores y los fallos son solo culpa tuya (nadie dijo que todo era bonito).

Uno de los errores más frecuentes que puedes cometer es el de intentar iniciar varios proyectos a la vez. Yo, por ejemplo, de pequeño llegué a jugar en dos equipos de fútbol a la vez, uno de fútbol sala y otro de fútbol once. Y hasta que no me decanté por uno de los dos, no exploté de verdad. **Para conseguir acercarte a tus objetivos, tienes que ir paso a paso, y de uno en uno.** Enfocar toda tu energía en algo concreto e ir a por ello con todo.

Porque, como he repetido varias veces, la paciencia y la mente fría son muy importantes para que seas el jefe de tu vida. Yo no comencé a jugar al fútbol en la cantera del Betis y jugué de titular siempre. Es imposible esperar que por tomar una decisión vamos a tener el resultado deseado

a la primera. Eso es muy ingenuo, ¿verdad? Tienes que trabajar e insistir cada día, ir sembrando como un agricultor, y con el paso del tiempo irás recogiendo los frutos. Pero si plantas una semilla y esperas comer al día siguiente, te llevarás una gran decepción y pensarás que la agricultura no sirve para nada. Y eso no es cierto.

El siguiente consejo lo aprendí nada más llegar a la primera plantilla del Betis: el trabajo no se acaba cuando llegas al objetivo, el trabajo simplemente cambia de objetivo. Ya no es llegar, ahora es mantenerse a ese nivel. Si yo al cumplir mi sueño me hubiera dedicado a disfrutar y a salir de fiesta, no hubiese durado más de una temporada allí. La exigencia subió mucho al pasar de jugar en segunda a jugar en primera, y yo me adapté y trabajé duro sin que nadie me lo tuviera que decir, porque yo soy el jefe de mi carrera.

Pero ser tu propio jefe no solo tiene cosas negativas. Al contrario, tiene cosas muy buenas como, por ejemplo, elegir donde quieres trabajar. En mi caso, cuando empecé a despuntar en el fútbol, enseguida llamaron clubes importantes de toda Europa para hacerse con mis servicios. Concretamente, el temido Chelsea de Mourinho, que fue uno de los mejores equipos de la historia. En ese momento estaban en su etapa de máximo esplendor y se fijaron en mí, lo cual es todo un honor. De hecho, el propio José Mourinho se plantó en Sevilla y convocó una reunión con mi padre, mi agente y él mismo para seducirme y llevarme a Londres. ¡Hasta el presidente Lopera estaba convencido! Pero yo elegí quedarme en el Betis y nadie pudo hacer lo contrario por evitarlo. Más adelante te explicaré el porqué.

Otro beneficio es poder dedicarte a lo que te gusta en la vida. Si yo no hubiera sido fútbolista, no sé de qué hubiera trabajado, la verdad. Sé que no hubiera sido ni la mitad de feliz de lo que soy ahora. No hubiera conocido a tantos compañeros y, probablemente, tampoco hubiera coincidido con mi mujer. Siempre hablo del sacrificio que supuso conseguir llegar adonde estoy, pero es que los beneficios que conseguí con ese perjuicio son diez veces más grandes que lo que me perdí en su momento.

Como ves, te he dado una serie de argumentos bastante realistas y basados en mi propia experiencia. **Nunca pienses que tu vida depende de las decisiones de otras personas, nunca dejes que tu felicidad no sea el resultado de tus propias acciones.** Aunque tengas un jefe en la oficina en la que trabajas o un encargado superior en la tienda en la que curras, tú eres el único que tiene poder sobre tu día a día. Ser tu propio jefe es un trabajo de veinticuatro horas al día durante todo el año, pero tiene el mejor sueldo del mundo: dormir a pierna suelta cada noche, sabiendo que estás consiguiendo lo que te mereces.

Ser tu propio jefe es ser el máximo responsable de tu felicidad.

12

SAL DEL ÁREA (O DE TU ZONA DE CONFORT)

Todos hemos oído hasta la saciedad esa frase: SAL DE TU ZONA DE CONFORT. Y creo que si la hemos oído tantas veces es porque, nos guste o no, tiene toda la razón. La zona de confort es lo fácil, y eso no significa que esté mal. Pero la vida es como un partido de fútbol: cuando en un partido uno de los dos equipos se encierra en su propio campo y mete a muchos futbolistas en el área sabemos que no está buscando la victoria, solo está relajándose en su zona de confort.

«Poner el autobús», como se conoce a esta pobre estrategia, es digno de equipos pequeños y menores. Sí, Italia ganó algún Mundial jugando al *catenaccio*, pero no estamos hablando de lo mismo exactamente.

Lo que está claro es que para marcar goles tienes que salir a la aventura y arriesgarte a que te cuelen algún gol a ti. No se puede nadar y guardar la ropa. **A veces hay que salir de la zona de confort y sacar al equipo del área.**

A mí me costó mucho irme del Betis porque estaba en el club de mis amores, jugando cerca de mi familia y de mis amigos de toda la vida, pero hubo un momento en el que mi forma de pensar cambió radicalmente. Desde que subí al primer equipo y me convertí en una de las referencias de mi club empecé a sentir que me estaba acomodando demasiado. No perdí la ilusión por jugar, pero necesitaba nuevos retos. Un día llegó una oferta del Valencia que no se podía rechazar. Lo primero que hice fue comunicárselo a mi presidente y enfrentarme a su negativa. En aquella época Lopera estaba al mando del Betis y odiaba perder jugadores talentosos porque nos pagaran más dinero fuera. Pero no era una cuestión de dinero, años atrás rechacé al Chelsea, que me pagaba mucho más. Simplemente sentía que había llegado el momento de ver mundo.

No seas comodón, ¡muévete!

Finalmente, las cosas salieron bien y me convertí en el fichaje más caro de la historia del Valencia en ese momento. Allí también me dieron los galones y pude jugar unos cuantos años de buen fútbol. Pero también hubo un momento negativo. En mi último año el entrenador dejó de confiar en mí y me sentaba en todos los partidos importantes. Al principio intenté tomármelo de la mejor forma posible: me esforcé más y trabajé más que nunca, pero la cosa, por lo visto, era personal. Por culpa de esa mala relación ese año no pude ir convocado a la Eurocopa con España, justo la primera Eurocopa que ganamos... Sí, mala suerte. Pero también pasó algo bueno y es que pude salir de esa situación negativa y fichar por otro club: el Málaga Club de Fútbol.

Si en el Valencia había aprendido que a veces no todo depende de tu talento y esfuerzo, sino que la cuestión personal también tiene mucho peso, **en el Málaga aprendí que un grupo unido puede llegar muy lejos, aunque haya problemas externos.** Aquel año el club había sido comprado por un jeque muy rico y poderoso. A golpe de talonario se creó una plantilla de ensueño capaz de luchar por todos los títulos. El primer año quedamos muy arriba en la clasificación y yo hice mi mejor temporada, los medios hablaban de la segunda juventud de Joaquín. Salir del Valencia me había devuelto la alegría y las ganas de jugar mejor que nunca. La siguiente temporada en el Málaga resultó ser más agridulce. Si bien habíamos conseguido clasificarnos para jugar en la Champions League, el club comenzó a atravesar por unos insólitos problemas económicos. Sí, nuestro propietario, tan rico y poderoso como decía ser, había dejado de pagar a todos los trabajadores del Málaga, incluidos nosotros, los fútbolistas.

Era el mejor momento deportivo de todos los que allí nos juntamos y al mismo tiempo la peor situación que se podría vivir en cualquier empleo. Trabajar sin cobrar, dando el máximo de ti. Sí, ya sabemos que no es lo mismo el sueldo de un fútbolista profesional que el de un trabajador normal y corriente, y nunca nos quejamos por pasar apuros económicos, en absoluto. Pero la inseguridad que se creó en todo el club también nos afectó mentalmente a nosotros. De todos modos, en el peor momento de la plantilla decidimos conjurarnos para conseguir llegar lo más lejos posible pensando en la afición del Málaga y nada más. Finalmente llegamos a cuartos de final de la Champions, y por poco no nos clasificamos para las semifinales. Fue un momento muy bonito y siempre recordaré a todos los jugadores de esas dos temporadas.

Pero lo que más recordaré de cada equipo en el que he estado es cómo me ha cambiado por dentro, cómo me ha motivado a ser mejor... ¡y cómo me ha sacado a rastras de mi zona de confort!

Los nuevos aires no vienen solos, ¡búscalos!

13

TOCA BICHEAR

La mejor forma de no estancarte en tu crecimiento personal y de seguir subiendo de nivel consiste en algo muy simple: observa a los demás. Cada persona puede ser una fuente inagotable de conocimiento o, por lo menos, te puede brindar una forma diferente de ver y de hacer algo a lo que tú también te dedicas. Incluso es bueno curiosear… ¡para ver qué es lo que jamás quieres hacer!

Estudiar a los otros nos puede abrir la mente para probar caminos nuevos que nunca pensamos que se podían recorrer. **Yo aprendí a jugar al fútbol jugando, sí, pero también viendo a mis hermanos y a mis compañeros jugar. A eso le llamo yo «bichear».**

De niños no nos cuesta nada absorberlo todo como esponjas. No solo porque tengamos más capacidad, sino porque nos da mucha menos vergüenza preguntar a los demás y pedir ayuda. El problema viene cuando crecemos y tenemos miedo de que piensen que no somos capaces de hacer nada porque siempre estamos buscando el apoyo de los demás.

Si de niños tenemos como referente a la gente cercana como nuestros padres y hermanos, de adolescentes cambiamos completamente.

Ya no te fijas en la gente cercana, sino que empiezas a mirar más lejos y te fijas en otras figuras importantes. En mi caso, me fijé en los fútbolistas que más me gustaban cuando era pequeño, como, por ejemplo, Luis Figo. Me pasaba la semana viendo muchos partidos de fútbol y analizando sin darme cuenta para ver cómo podría hacerlo yo. Sea como sea, fijarte en los demás y tratar de copiar lo que mejor les funciona es la forma más antigua y efectiva de aprender. Toda la gente que llega a lo más alto tiene como referentes a otros anteriores que les mostraron el camino del éxito.

Cuando eres adulto algunas personas son hasta más maduras, yo creo que a mí me gusta tanto el cachondeo que me cuesta verme así, la verdad. El caso es que cuando llegas a cierta edad ya te das cuenta de lo que te gusta y de lo que no y eres más capaz de tomar decisiones pensando en lo que te beneficia o en lo que te perjudica menos. En ese momento no es raro seguir contando con referentes en los que apoyarnos, no tiene por qué ser un signo de debilidad, al contrario. Yo sigo intentando aprender de mis compañeros de equipo, aunque yo sea el más mayor de todos, eso me da igual. **Nunca se termina de mejorar, ni aunque estés en el tramo final de tu carrera.**

Ser curioso es divertido y es necesario. Si no, fíjate con qué soltura aprendí a hablar en italiano cuando viví en Florencia sin tener ni papa del idioma… Pues escuchando a los demás compañeros, en la tele, en la radio… No lo hablaba perfecto, ¡pero me entendían!, que es lo importante.

No tener miedo a pedir ayuda y no pensar en lo que puedan pensar otros de ti. Si consigues vencer todos esos miedos tontos, conocerás a mucha gente interesante y... ¡sorpresa! ¡Ellos también podrán aprender cosas de ti! Será un intercambio sano entre dos adultos que quieren mejorar. Hazme caso, bichea todo lo que puedas y más.

La única pregunta tonta es la que no se hace por miedo a quedar mal.

14

DECIR BASTA

En la vida hay cosas importantes, como el sacrificio y la mente fría, para no tomar decisiones precipitadas. Es verdad que además de mi desparpajo, esos dos elementos son muy importantes para conseguir lo que he conseguido en mi carrera. Pero hay una cuarta pata que también es fundamental para no perder el tren de ser feliz.

Igual que te he hablado de mis estancias en el Valencia y el Málaga, ahora me gustaría hablarte de mi época como jugador en la Fiorentina. El primer año allí fue complicado. Era el momento de vivir otro fútbol, en otro país y, aunque Italia es un país muy parecido al nuestro, tiene cosas diferentes. Además, a pesar de que el idioma no era difícil, me costaba expresarme de forma natural. El segundo año decidimos, mi mujer y yo, empezar a vivir en el centro de Florencia, en un apartamento muy bonito. Así nos integramos mejor en la ciudad y empezamos a disfrutar mucho más. Conocimos gente, hacíamos vida social y nos cambió la vida por completo. Deportivamente me fue mucho mejor también e incluso estuve a punto de renovar.

Pero todo se truncó: cuando iba a renovar por el equipo italiano, de repente despiden al entrenador. Viene uno nuevo y mi renovación se para: quieren volver a valorarlo toooodo de nuevo. Empieza la pretemporada y me siento genial jugando. El entrenador me dice que está encantado conmigo, pero le digo que yo no estoy muy contento, porque se ha parado mi renovación. Me promete que va a hablar con el club para que me renueven enseguida, pero la Fiorentina decide que no me quiere renovar.

Empecé a buscar otros equipos en los que jugar: si la Fiore no me quería ahí, yo tampoco quería quedarme. Llamé a mi agente, Eduardo, para que me sacase de allí. Faltaban solo quince días para el cierre del mercado, así que vino a Florencia y retomó todas las propuestas que había recibido durante el verano, hasta cinco ofertas de diferentes clubes. Pero cuando faltaba una semana para el cierre, se lo dije claramente: yo la propuesta que quería era la del Betis. Faltaban siete días para que no hubiese más opciones, el tiempo corría en nuestra contra, pero yo lo tenía claro, así que Eduardo se puso a hablar con el Betis. Cuando tuvimos su propuesta, estaba claro que estaba muy por debajo de las demás, pero cada vez que lo hablaba con Eduardo le decía lo mismo: ese es mi club y ahí es donde quiero volver. Tres veces me lo preguntó con todas las ofertas encima de la mesa... pero yo solo quería un viaje, y era el viaje de vuelta a casa. Y por eso luchamos: para irme de la Fiore y para volver al Betis.

El Betis justo acababa de subir de segunda división, así que no era por reputación ni estatus que quería volver. Ni mucho menos por dinero… ¡me ofrecían hasta cuatro veces más en otros equipos! Vamos, que para cualquier otro hubiese sido la peor opción. Pero no para mí: para mí el Betis era la mejor opción, y era la única.

La decisión estaba tomada. Yo ponía en una balanza, yo era el jefe, y yo quería volver a España, a vivir en Andalucía y a jugar en mi Betis.

Nos reunimos con la Fiore y les comunico que no jugaré el año que me queda, sino que me quiero ir de vuelta a casa. El dueño me recuerda que tengo un contrato y que de allí no me muevo porque el entrenador cuenta conmigo, aunque al cabo de un año me dé la patada… y aunque la oportunidad de volver al Betis la tenga ahora, y no para dentro de un año.

Tuve que volver a entrenar con el equipo, pero no era lo que yo quería. Ellos no contaban conmigo en un futuro, y yo no quería contar con ellos en el presente. Por eso, en los entrenos, mi actitud no fue la mejor… Digamos que no estaba nada positivo, con lo que yo soy. Tanto es así que finalmente el entrenador habló conmigo y me dijo que me fuese a casa unos días, a descansar y a centrarme un poco.

Me pegué dos o tres días en casa, dándole vueltas a lo que estaba pasando. La Fiore y el Betis no llegaban a un acuerdo y, aunque mi cuerpo estaba en Florencia, mi cabeza ya había vuelto a Sevilla. Se me ocurrió llamar al médico y le pedí que viniese a casa a verme porque estaba muy nervioso. La situación era complicada: ni podía entrenar, ni me dejaban irme a otro equipo. Yo también la exageraba mucho más para que el médico viera que estaba muy mal. Él me recetó los primeros días unos relajantes musculares, pero luego decidí exagerar todavía más la situación. Las otras veces que vino a visitarme yo me mojaba el pelo, me mojaba las manos para fingir que estaba sudando de los nervios. Cada vez que venía yo estaba peor, hasta me dejé la barba para que me viese más dejado. Lo que intenté con esto fue convencer al médico de que me encontraba en una situación muy delicada y que conmigo el club ya no podía contar. Yo sabía que el médico luego hablaría con el entrenador… y él era el único que podía dejarme volver a casa.

Yo estaba al límite y aún lo exageraba un poco más para poder volver a casa. Hice todo lo que estaba en mi mano, incluso bastante teatro, porque era el momento de decir «basta». Gracias a todas las visitas del médico y a hablar con la Fiorentina, parecía que las cosas avanzaban, que ya estaba más cerca de coger un vuelo a Sevilla, pero de repente se paró todo. Las negociaciones entre la Fiore y el Betis se quedaron en un punto muerto, y solo faltaban unas horas para el cierre del mercado. Era ahora o nunca.

Mi agente me dijo que mi única opción era hablar con mi entrenador de la Fiorentina y decirle que yo me iba de allí como fuese. Así que fui hasta la ciudad deportiva y sin saludar a nadie entré directo, al despacho del entrenador y lo agarré gritándole: «¿Tú eres el que vas a decidir sobre mi futuro? ¿Tú eres el que no me deja irme? ¡Yo me voy a casa!».

El escándalo se armó al momento y enseguida entró el segundo entrenador y más ayudantes para separarnos. Yo no podía creerme que estaba a unas horas de quedarme sin poder moverme de la Fiore, sin el Betis, sin nada… y la rabia se me comía. En ese momento, fruto de la ira, le di un puñetazo a la puerta y me partí dos dedos de la mano. Y ahí, justo en ese momento, el equipo técnico se dio cuenta de que me tenían que dejar ir.

El entrenador llamó al presidente y le contó que estaba fatal y que me tenían que soltar. Entonces se reactivaron las negociaciones, a pocas horas para el cierre del mercado que hubiese sido mi sentencia si no hubiesen llegado a ese acuerdo *in extremis*. De hecho, el fax con el *transfer* llegó a la Federación Española de Fútbol cuarenta y cinco minutos antes del cierre de mercado. Un poco más y me quedo allí.

Si yo no me hubiese plantado y dicho «basta»..., **tal vez nunca hubiese vuelto a mi tierra, a Andalucía. Y si me hubiese guiado solo por el bolsillo y no por la felicidad, jamás hubiese vuelto al Betis, al equipo de mi vida.**

Aprende a decir que NO para decir que SÍ a lo que tú quieres.

EQUIPO

15

VUELVE A CASA (POR NAVIDAD... O ANTES)

Mi viaje por el mundo del fútbol ha tenido de todo. De joven promesa, a titular con la selección española, de fichaje más caro… a tener que luchar por salir de un club que ya no me quería. Y lo mejor de todo es que no cambiaría ninguno de esos momentos, porque todos ellos me han hecho crecer y valorar un poco más lo que tengo.

Al fin y al cabo, yo elegí irme del club en el mejor momento de mi carrera y creo que el aficionado lo entendió. Aun así, no las tenía todas conmigo. En la Fiorentina hice lo imposible por volver al club de mis amores, pero si no hubiera salido bien quizá no hubiera podido regresar a Sevilla (aunque algo me dice que siempre hubiese encontrado la manera de volver).

Pero, finalmente, nueve años después de salir, conseguí volver a casa. Y la verdad es que no me pude llegar a imaginar la presentación que tuve con el Betis. Ni en el mejor de mis sueños podría haber imaginado lo que ocurrió aquel día. El estadio Benito Villamarín, con 25.000 personas en las gradas, como si fuese un partido de fútbol. Ahí todavía llevaba la mano escayolada por lo del puñetazo que di para poder volver…

Como si los béticos supiesen por lo que había pasado, me recibieron como una familia. No me podía creer cómo lo hicieron: todavía se me ponen los vellos de punta. Todo el mundo coreando mi nombre… Ahí me di cuenta de que valió la pena todo lo que hice para volver allí.

El Benito Villamarín es mi casa y el Betis es mi hogar.

En un principio, firmé por tres años y ya voy por cinco, así que todo salió mucho mejor de lo que esperábamos las dos partes. **Podría parecer que volvía para la retirada, para ser tratado como una vieja gloria que solo viene a aportar su experiencia, y de eso nada.**

Dos renovaciones y sigo jugando, y entrenando con la misma hambre (o más, que ya es decir). No me siento una vieja gloria. Cuando vuelves con treinta y cinco años sabes que mucha gente se piensa que vienes a retirarte y a vivir bien. Pero he sabido estar a la altura de las circunstancias y los béticos me han valorado esta segunda etapa. Y eso me enorgullece.

No es fácil tener treinta y nueve años y ser profesional a ese nivel, y siendo uno más en el equipo…, pero **yo siempre he sido Joaquín el del Betis, y el día que volví de Italia y la afición me recibió de esa manera, supe que lo sería para siempre.**

Incluso los peores momentos son necesarios para conseguir tus objetivos.

16

RISAS COMPARTIDAS

Como sabes el fútbol es un deporte de equipo; sí, parece una obviedad, pero que no se nos olvide también que el fútbol encumbra mucho más a talentos individuales que a colectivos. Ganar el Balón de Oro es una pasada, pero cualquier fútbolista firmaría por ganar un Mundial o una Champions. ¿De qué te sirve ser el mejor si tus compañeros no te acompañan para ganar títulos? De nada. Tienes que ponerte el chándal de seleccionador y afinar bien tus elecciones.

Ya lo dice el refrán: «Dime con quién andas y te diré quién eres». Si te juntas con personas que pierden el tiempo, se pasan el día de juerga y no dan un palo al agua, probablemente acabes en el mismo sitio en el que empezaste. Por el contrario, si tienes a tu alrededor a personas que se esfuerzan y luchan por sus objetivos, a ti se te pegará también esa actitud. Por eso es necesario elegir bien a tus amistades y acompañantes, porque del entorno también depende tu propio futuro.

Y no solo me refiero a nivel laboral. ¡Tu equipo puede influirte hasta en tu estado de ánimo! Si te juntas con personas pesimistas, negativas y que se quejan por todo, tú mismo te acabarás contagiando de esas conductas tan malas. ¿Tú crees que yo podría tener el sentido del humor que tengo si no me arropase de personas que tienen las mismas ganas que yo de reírse? Sería imposible. Si yo no hubiera ido con amigos y familiares así, sería un tío mucho más serio y acomplejado. ¡Ni rastro del desparpajo! **Y si no hubiese conocido a mi mujer..., eso sí que hubiese sido el fin. Ella es la estrella de mi equipo.**

Tienes que hacer un trabajo de filtrado con la gente nueva que llega a tu vida. Estoy seguro de que conoces a gente tan negativa como de la que te he hablado. Y que pasar cinco minutos de conversación con ellos puede ser un auténtico calvario. Del mismo modo que a ti te genera rechazo, también tienes que vigilar tu propia forma de ser. Atraemos lo que se parece a nosotros... Haz la prueba. Pásate una semana entera sin criticar a nadie, sin quejarte de nada, y sin parecer que las cosas te van mal. ¡Toda la gente de tu alrededor se sentirá

mucho más atraída por ti que antes! Es más, seguro que esto te abre la puerta a conocer a más personas que están en la misma sintonía que tú y multipliquéis las risas.

Y no solo hablo de amistades o parejas. Los conocidos, que son la mayoría en nuestra vida, son los que más se merecen ese filtro del que te hablo. Haz una lista extensa de todas las personas que se cruzan contigo en el día a día. Desde el portero del edificio hasta la persona que te vende el pan. ¡Hasta el utillero! Da igual. Y fíjate en quién te hace sentir bien y quién mal de verdad. Pues a esos últimos: fuera. Sin más. No son necesarios en tu vida y puedes conocer a gente mucho más sana. Puede parecer un poco duro, pero al final, solo depende de ti quién tienes alrededor. ¿Compartirás risas o solo malos rollos?

Crea tu propio equipo y ficha solo a los mejores.

17

SÉ EL PRIMER HINCHA DE TU EQUIPO

Todos los fútbolistas tienen un apodo, algunos son más conocidos, otros se quedan en la intimidad del vestuario. Messi es la Pulga, Maradona era el Pelusa, Cristiano Ronaldo, el Bicho... **Yo soy Joaquín el del Betis.** Y si se me conoce por ese apelativo cariñoso no es solo porque he jugado muchos años allí y he salido de la cantera, sino porque el aficionado que va al estadio sabe que yo lo doy todo por el equipo en el campo y fuera de él. Que soy más bético que el escudo. Y eso es un gesto que los béticos me agradecen porque lo viven como yo.

Da a tu equipo el valor que se merece. Aprécialo y no lo des por sentado. Cuando fallen en el campo, en la vida..., dales la oportunidad de contraatacar.

Soy tan bético que hasta los sevillistas me respetan, jamás he tenido un problema. Yo siento los colores como si fuesen mi propia piel. Soy verdiblanco y moriré verdiblanco. Incluso cuando me retire quiero seguir vinculado al club de mis amores. ¡Aunque eso ya no dependa de mí! Pero todos saben que Joaquín el del Betis no se irá nunca del todo.

Mis valores van asociados estrechamente a los valores del Betis y siempre será así.

El compromiso con algo y con alguien es la mejor forma de demostrar el aprecio. Y lo mismo sucede con el Betis, mi equipo, pero también te puede suceder con las personas de tu alrededor. Si ellos saben que pueden confiar en ti, vuestra relación se volverá más pura y mucho menos conflictiva. En todos lados hay peleas, pero no es lo mismo discutir con alguien con el que crees que solo piensa en él, que hacerlo con una persona que te ha demostrado que las cosas te las dice por el bien común.

Si en mi familia éramos ocho hermanos, con mis padres y mis tíos además, y todos nos llevábamos bien, era por el mismo sentimiento. Todos éramos apodados «el Chino». Y como ya dije, para mucha gente todavía soy Joaqui el Chino más que el del Betis. ¿Cómo de comprometido te sientes tú con tus amigos, familiares y compañeros? Porque sí, comprometerse con uno mismo es fundamental para avanzar, pero no hay que olvidarse de la gente que nos acompaña en la vida. Algo tan básico puede incluso ahuyentar a muchas personas. Como si demostrar amor fuese un problema grave.

Cuando en un equipo uno de los jugadores es demasiado individualista, los resultados globales bajan. El aficionado se da cuenta enseguida de que ese jugador no está mirando por los intereses del grupo, sino solo por los suyos propios. **Ser un «chupón» no es bueno ni en el fútbol, ni en la vida.** No es lo mismo tirar del carro tú solo porque los demás no te acompañen, que intentar ponerte por delante de todo el mundo para aprovecharte de los demás. Si en el capítulo anterior te hablaba de la importancia de elegir bien a tus compañeros, en este quiero ser pesado y remarcarte que tú tienes que ser el mejor amigo posible de tus amigos. Ese compromiso te será devuelto por diez, ¡palabra!

No te olvides de cuáles son tus colores, ¡y defiéndelos!

18

MÁS VALE JUNTOS QUE MAL ACOMPAÑADOS

Y sí, yo también tengo mi propio equipo fuera del Betis, como te podrás imaginar. Algunos los he elegido y otros han sido una bendición. Pero sé perfectamente que si hoy soy lo que soy y he llegado tan lejos ha sido porque ellos me han acompañado, me han guiado y me han hecho mejor persona y mejor profesional. Todos son titulares e igual de importantes en mi equipo.

Y mi equipo, en primer lugar, lo forman mi familia, con mis padres al frente, y todos mis hermanos y hermanas. Al ser el más pequeño, siempre tengo el recuerdo de ver la casa llena de gente, y a mi madre y mi hermana mayor ocupándose de todos nosotros. Ellos y mi tío fueron mis primeros modelos de comportamiento.

Con ellos aprendí a bichear y a tener desparpajo. Con ellos desarrollé mi gran sentido del humor y mis ganas de reírme de todo. **Mi carácter se lo debo a ellos y a toda la gente con la que me crie en el Puerto de Santa María.**

A día de hoy, las personas con las que más tiempo comparto son mi mujer, Susana, y mis hijas, Daniela y Salma. Ellas son las personas que me acompañan y que me bajan los pies al suelo cuando estoy muy subidito, que también me pasa. Pero también son las que me animan cuando tengo un mal día, especialmente mi mujer. Tuve la gran suerte de conocerla en el momento más alocado de mi vida, cuando era titular, era joven y todo el mundo quería ficharme. En esa época más atolondrada se apareció ante mí como un ángel. Si bien al principio no quería saber nada de mí, porque era fútbolista, y tenemos muy mala fama, con el paso del tiempo supe demostrarle que podía confiar en mí, y ella me devolvió eso con muchos años de amor y de comprensión. Mi mujer me ha sabido llevar. Llevamos veinte años juntos, nos casamos en 2005. Fíjate tú, que a mi boda vino el presidente Lopera con la Copa del Rey que ganamos ese año. ¡Se coló sin invitarle! Y ella con una paciencia infinita.

Y a nivel profesional, y también personal, mi representante Eduardo. Le conocí, del mismo modo, en una etapa muy complicada de mi vida y ahora tenemos una relación muy especial, prácticamente me trata como si fuese mi hermano mayor. A los fútbolistas, en el mundo de los negocios, es muy fácil que nos engañen o que traten de aprovecharse de nosotros y por culpa de eso tomemos malas decisiones.

Ganas mucho dinero mientras eres muy joven y es muy fácil que la gente intente tomarte el pelo proponiéndote mil historias. A mí me ha pasado, pero desde que le conozco a él me siento mucho más a salvo.

Seguro que en tu vida tienes a esas personas de las que dices «suerte que están ahí». Si hace tiempo que no dices cuánto las valoras, ¡no tienes que escribir un libro para hacerlo!

¿A qué estás esperando?

La gente que tengo cerca y a quien amo es mi equipo titular.

19

FUERA DE JUEGO

Aunque parezca que para ser feliz muchas cosas dependen de nosotros, lo cierto es que a veces ocurren situaciones que nos dejan completamente fuera de juego. El destino nos tiene reservados situaciones duras, en las que parece que alguien nos deje noqueados con un guante de boxeo en el mejor momento. Ojalá poder evitar estas situaciones, ¿no? Por desgracia, no tenemos una bola de cristal para ver lo que nos va a ocurrir (por lo menos, yo no la tengo), y esos malos momentos suelen venir por sorpresa, sin que te lo esperes. Desde problemas de salud a dificultades laborales, pasando por conflictos sentimentales... **Sin embargo, sí que hay algo que puede depender de nosotros para sobreponernos: nuestra actitud.**

Igual que en un partido de fútbol, cuando el delantero marca un golazo y lo celebra con euforia, pero al poco el árbitro señala fuera de juego. La situación ya no va a mejorar, pero el jugador tiene dos opciones: quejarse al árbitro y provocar que le expulsen, o recoger el balón cuanto antes y comenzar a jugar de nuevo para intentar marcar un gol legal.

En mi caso, a nivel deportivo, el momento más duro que recuerdo es cuando me quedé fuera de la Eurocopa en el año 2008. Ese año tenía un entrenador en el Valencia que dejó de contar conmigo durante la temporada. Al no poder contar con minutos, mis opciones de ser convocado con la selección se iban reduciendo cada vez más. Al principio sí que pude participar en los partidos de clasificación, pero poco a poco fui contando cada vez menos. ¿Cómo vas a llamar a un jugador que no juega en su equipo? Tiene toda la lógica del mundo. Lo que ocurría en Valencia no era por motivos deportivos, eso está claro. Era algo personal, así que no estaba en mi mano poder cambiar la situación.

Y encima ese año, ganan la Eurocopa. Yo fui de 2002 a 2007 con la selección y el año que la ganan me quedo fuera. Fue un momento muy triste porque yo había hecho todo para estar sobre el césped con mis compañeros, jugué en la clasificación, lo di todo…, pero, al final, la decisión no dependía de mí. Así que cuando ganaron el título lo celebré mucho. Me alegré muchísimo de la victoria de España, aunque al mismo tiempo por dentro me moría de pena porque podría haber estado allí. Pero el fútbol, como la vida, tiene estas cosas. Lo que no está para ti, no está para ti. Muchos compañeros me llamaron para acordarse de mí, para decirme que yo también era partícipe de esa victoria, pero claro, ¡no estás ahí!

Otro momento duro a nivel personal es recordar a mi tío, que tanto me ayudó, y que lamentablemente falleció antes de verme debutar con el primer equipo en primera. Siempre que lo recuerdo se me caen las lágrimas porque me hubiera hecho mucha ilusión que él me viese convertido en lo que soy ahora para el Betis. Sin embargo, intento ver el lado bueno de las cosas y sé que él, esté donde esté, estará muy orgulloso de todo lo bueno que me ha pasado.

No puedo cambiar todas las cosas malas que me han sucedido (dentro del campo y fuera de él), no tengo superpoderes y seguramente tú tampoco. Pero lo que sí podemos hacer es cambiar el punto de vista.

En vez de permitir que los recuerdos del pasado te pongan triste por no poder cambiar lo que ocurrió, modifica tu forma de verlo. Estoy seguro de que de cualquier situación puedes aprender una lección. Te diría que incluso hay que estar orgulloso de esos malos momentos. La felicidad constante no existe, y buscarla siempre te puede provocar más angustia que otra cosa.

En primer lugar, acepta lo que te está ocurriendo. No trates de buscarle una solución o pensar en cómo sería todo si tú o alguien hubiera actuado de forma diferente. El pasado no se puede modificar y no vale la pena pensar demasiado en él. Después, háblalo con alguien, con tu «equipo» que te rodea y que te quiere. Mejor eso, que tragártelo en silencio provocando que sufras mucho más. Y, sobre todo, lo más importante: piensa en todos los malos tragos que has superado hasta ahora. ¿Por qué este iba a ser diferente?

Lo bueno no dura para siempre ¡y lo malo tampoco!

20

A VECES HAY MALAS RACHAS

A todos nos ha pasado: nos pasa algo malo, y de repente parece que todo lo que sigue es malo también. Hay malas rachas y es importante aceptarlas, afrontarlas... ¡y superarlas!

Las peores rachas para un fútbolista son las lesiones. Puedes estar haciendo una temporada genial, que te salga todo perfecto, y en el mejor momento del año: ¡a la enfermería! Y vuelta a empezar. Todo lo que habías mejorado se pierde de repente. En el peor de los casos te tienen que operar, después tienes que pasar por una rehabilitación que puede durar meses y, finalmente, cuando te reincorporas a los entrenamientos, tu forma física es inferior a la de tus compañeros. Y, peor aún, puede que otro compañero se haya ganado la confianza del técnico y te toque empezar a jugar desde el banquillo. Vamos, que no es un chiste de los que hagan gracia...

Solo depende de ti qué hacer con un mal momento. Cógelo, dale la vuelta... ¡y supéralo!

Mi lesión más importante fue en la Eurocopa de Portugal de 2004, que sufrí una pubalgia. Esta lesión consiste en padecer un dolor en el pubis, y es muy típica en los fútbolistas. Seguramente la habrás oído nombrar cientos de veces en jugadores muy diferentes. No se da por un estilo de juego en particular o por una forma de entrenar más o menos agresiva. Aunque no es nada que ponga en riesgo tu carrera, sí que en ocasiones se complica y acaba requiriendo cirugía. En mi caso, afortunadamente no fue así.

Gracias a que Raúl, un fisioterapeuta de la selección, me curó de la lesión de la forma más rocambolesca del mundo: tratándome la boca por dentro. Por lo visto, sin darme cuenta, mordía muy fuerte y mi mandíbula se ponía muy tensa y eso me afectaba a la zona del pubis. Es algo que le pasa a mucha gente mientras duerme, por ejemplo. Y gracias a que él dio en el clavo con el origen de la lesión, no me tuve que operar nunca.

Sin embargo, no siempre vamos a tener esa suerte en la vida. Por eso hay que estar preparados mentalmente por si llegan esos malos momentos. **Lo más importante es no dejarse llevar por el pánico o por la tristeza, y tomar las riendas de la situación lo antes posible.**

Esa lesión igual se hubiera complicado mucho más con otro fisio y yo no hubiera podido recuperarme tan rápido, es cierto. Pero si hubiera ido mal, estoy seguro de que no me hubiera rendido a la primera de cambio. Muchos fútbolistas no regresan igual de bien de una lesión, otros, sin embargo, parece que vuelven mucho mejor de lo que eran antes. Porque te pase lo que te pase, sea cual sea el mal momento en el que estés, tu actitud es lo que marca la diferencia.

**La buena suerte no depende de ti.
La buena actitud ¡sí!**

21

EL VESTUARIO

A veces podemos elegir a nuestros compañeros de equipo, como a nuestros amigos y nuestra pareja, y otras veces tenemos que jugar con personas con las que no tenemos ningún vínculo en común, como suele ocurrir en el trabajo. Más allá de tu profesión, es posible que cada uno de tus compañeros venga de mundos muy diferentes. Y en el universo del fútbol, ¡igual!

Una plantilla normal suele tener unos veinte fútbolistas, cada uno de su padre y de su madre. Si yo ya venía de una familia más numerosa de lo habitual, ir a parar a un vestuario normal ya me parecía incluso grande. Además, en un grupo tan grande de personas es casi imposible que todos se lleven bien con todos, o que el cien por cien esté a gusto con su papel en el equipo. Y si encima sales de viaje a jugar fuera, acabas pasando más horas juntos que con la familia.

Sin embargo, más allá de las horas, las tensiones, la diferencia entre personas… hay algo que en un equipo, sea de fútbol o de trabajo, te une a tus compañeros: un objetivo común.

Cada lugar de trabajo tiene sus cosas buenas y sus cosas no tan buenas. Pero independientemente de si estás en una oficina, una fábrica o un campo de fútbol, hay algo común en todos los equipos: más allá de las diferencias, os une una meta.

Te guste o no, no estás solo. Llevarte bien con el resto de compañeros es muy importante para conseguir los objetivos que te plantees. Todos necesitamos la ayuda de los demás para hacer bien nuestro trabajo. Un delantero necesita que el resto le pase la pelota para poder marcar goles.

Pero ¿cómo puedes crear un buen equipo si cada uno es tan diferente?

1 Conoce a cada compañero. Aunque estéis en un mismo equipo, cada uno tiene su historia. Conocerlos te ayudará a entenderlos.

2 Escucha. En un equipo no importa si eres el capitán o no: tienes que escuchar al equipo. ¡No estás solo!

3 Acepta las críticas. Cada miembro del equipo verá las cosas diferentes, ¡y eso es bueno! Solo sumando conseguiréis llegar al objetivo.

4 Sé parte del equipo. Cuando las cosas van mal, mantente en el equipo. Y cuando las cosas van bien…, ¡celébralo con ellos! Salir de vez en cuando a tomar algo con los compañeros de trabajo une muchísimo más que cualquier otra cosa.

5 Buen humor. En todos los trabajos hay momentos duros, malas rachas que ponen en riesgo el buen funcionamiento del equipo. El buen humor es fundamental para aliviar tensiones: ¡cambiar el chip negativo es el primer paso para que te pasen cosas buenas!

22

RESPETA A LOS RIVALES

Una de las cosas más bonitas de competir con otros jugadores de fútbol es que cuanto mejor es el rival, más tienes que esforzarte. Y gracias a ese esfuerzo extra mejoras muchísimo más de lo que lo hubieras hecho entrenando solo o jugando contra equipos inferiores. Ganar fácil a la larga te hace peor jugador, bajas el rendimiento y pierdes el interés por tu trabajo o deporte.

Para estar al nivel de un buen rival, tendrás que doblar esfuerzos y confiar en ti al máximo.

En la vida te vas a encontrar «jugadores» de todo tipo: calmados y explosivos, respetuosos y faltones, pacientes y temperamentales. Las emociones siempre acaban apareciendo cuando pasas muchas horas de tu vida enfocado en algo que, además, te tiene que dar de comer a ti y a los tuyos. Es normal que haya roces entre dos personas que compiten por lo mismo. Sin embargo, el respeto y el buen rollo tienen que estar ahí siempre, pase lo que pase.

Piensa algo muy obvio: sin equipos rivales no tiene sentido el fútbol. La gente no llenaría estadios o pequeñas graderías para ver entrenar a un equipo. No puedes eliminar a tu competencia porque sin ella perdería sentido gran parte de lo que haces. Tus rivales, pues, son esenciales.

Ellos son la verdadera medida de tu progreso. Por más que entrenes, te alimentes bien y pases horas en el gimnasio, al final todo eso lo haces para superarlos. Por eso tienes que ser respetuoso. Sin respeto, de poco valen tus aptitudes. Sí, puede que seas el mejor, pero si no cuentas con el buen rollo de tus compañeros, y el respeto de tu competencia, te queda poco recorrido en este y en cualquier deporte. ¡Hay que ser más abierto! Tienes que aprender a valorar y a reconocer en qué son mejores que tú, no pasa nada. Eso te honra y te hará ir más feliz a trabajar, sin rencor ni envidia.

Tus rivales también te ayudan a no distraerte ni perder el tiempo. Cuando quieres ser el número uno en algo, piensa que hay más gente que quiere lo mismo que tú y que están trabajando y esforzándose más que tú por conseguirlo. Piensa en ellos para motivarte a seguir trabajando duro.

En la medida de lo posible, evita odiar a tus rivales. **El odio es una de las formas más fáciles de perder energía tontamente.** El rato que te pasas odiando a un rival es tiempo que no estás usando de forma productiva. Además, el odio te agota mentalmente y te desconcentra. No pierdas más el tiempo y aprovecha todo lo que te da un rival: ¡motivos para ser mejor!

Un rival puede ser un enemigo o alguien que te empuje a ser mejor.

VALORES

23

NO SEAS CHUPÓN

Los fútbolistas, y muchos deportistas y famosos en general, tenemos la posibilidad de dar una parte de lo que recibimos de la gente a través de iniciativas solidarias. Pero estas iniciativas no son solo para personas conocidas: ¿qué te cuesta ayudar un poco? Con lo que puedas, con el rato que tengas, con lo que puedas aportar de ti mismo… puedes implicarte en algún proyecto que ayude a otros.

No hace falta ser rico y famoso para ser solidario, porque no se trata de la cantidad de dinero que des, en realidad es mucho más que eso. El tiempo es también muy valioso, lo sé porque dispongo de menos del que me gustaría: ojalá pudiera implicarme en todos los proyectos que me proponen, ¡pero mi día solo tiene 24 horas!

Si te paras a pensar, seguro que recuerdas algún momento de tu vida en el que alguien haya sido solidario contigo. Que estés jugando en la calle y no tengas una botella de agua a mano, y que alguien te ofrezca beber de la suya es un gesto de solidaridad.

Nunca sabemos cuándo vamos a necesitar que en el futuro nos ayuden, por eso no está de más que nosotros ayudemos siempre que podamos a los demás.

Si todos lo hiciésemos, el mundo sería un lugar fenomenal, ¿verdad?

Además del dinero y del tiempo, otra forma de ser solidarios con las personas necesitadas es con tu afecto, de una forma emocional. De hecho, esta forma de hacerlo es la que probablemente tenga mayores beneficios para todos: quien lo recibe… ¡y quien lo da!

Puedes ponerte como objetivo de este año empezar a ser menos chupón poco a poco. Serlo te hará sentir mucho mejor, te sentirás más empático, más positivo y mucho más sociable. Cuando sabes que estás ayudando no tienes motivos para estar de mal humor, te lo aseguro. Si tienes un mal día siempre puedes pensar en que con tu granito de arena a otra persona le está yendo un poquito mejor.

Cuando luchas por una causa tienes que esforzarte para que el mundo entero se interese por esa causa concreta. Si te involucras en conseguir ese objetivo hace que vivas más cerca de la realidad. Los fútbolistas de élite a veces sentimos que estamos un poco desconectados, pero gracias a colaborar con estas causas volvemos a tocar de pies en el suelo. No solo sirve quejarse de que las cosas no son como deberían ser, también hay que mover un poco el culo por los demás.

Además, me gusta que mis hijas también aprendan el valor de la solidaridad. Al verme hacerlo a mí, ese ejemplo se les queda grabado en la cabeza y a ellas también les apetece ser más solidarias, menos chuponas. De ese modo, se acostumbran a dar sin esperar nada a cambio y se vuelven más sociables y abiertas a intercambiar opiniones con los demás.

De hecho, te diría que la solidaridad es contagiosa. Cuando la gente de tu entorno te ve tan implicado en algo de este tipo, poco a poco se van convenciendo de que ellos también pueden aportar algo a alguien, y así se va tejiendo una red solidaria mucho más grande de lo que podría ser en un principio.

Incluso en momentos de estrés me he dado cuenta que colaborar con alguna campaña me ha hecho tomar conciencia de lo que sucede a mi alrededor, más allá de mi propio mundo. Desconectas de tus propios problemas para conectar con los de los demás, te saca de tu universo durante un buen rato y eso te da paz y claridad mental. Además, el fútbol es un fenómeno social que sin la gente no tendría sentido, el público me lo ha dado todo y esto es una forma de devolverle a la gente lo que me han regalado.

Si no dispones del dinero para poder aportar de ese modo, puedes ser voluntario en los días que tengas libres, de hecho la mano de obra se valora tanto o más que las aportaciones económicas, puesto que muchas ONG necesitan a más gente que les ayude a cumplir sus cometidos.

La solidaridad es tan importante que representa la base de muchos valores de las personas. La amistad, el honor, la lealtad, el compañerismo… Practicando esto podemos mejorar en esos aspectos tan importantes para la sociedad. Sentirnos unidos a otros seres humanos que no conocemos es tan importante como cuidar de nuestra familia y amigos. Si no nos ayudamos entre nosotros, ¿quién lo va a hacer? **Ya lo decían: ¡compartir es vivir!**

24

EL DINERO NO DA LA FELICIDAD

Muchas veces nos preguntamos qué haríamos si nos tocase la lotería. Y las respuestas suelen ser muy parecidas, aunque la gente sea siempre diferente: comprar casas gigantes, pisos en el centro, coches de lujo, viajarían por todo el mundo y, lo más importante, mandarían a su jefe al carajo.

De repente, el dinero parece ser la solución a todos sus problemas. Y, a veces, es todo lo contrario, el dinero suele ser la fuente de todos los problemas. Está claro que necesitamos dinero para poder vivir, pero una vez que tenemos cubierto lo básico y podemos ahorrar para cualquier susto, lo importante es cuidar la salud y ser amable con todo el mundo.

Hace muchos años que descubrí que hay cosas más importantes que el dinero... De hecho, lo descubrí con apenas veinte años, precisamente cuando mi cuenta corriente empezaba a agrandarse.

En esa época es cuando se empiezan a interesar por mí varios clubes de fuera de España, sobre todo de Inglaterra. Justo después de un partido con

la absoluta me dice mi agente que Mourinho, que entrenaba al Chelsea por esos tiempos, había viajado a Sevilla porque me quería fichar. Evidentemente, irme al Chelsea era una oferta irresistible... Por lo menos, económicamente. Pero ¿y por lo demás?

Nada más llegar del viaje me estaba esperando en un hotel mi padre, mi agente y gente importante del Chelsea. Como tenía la cabeza como un bombo, decidí que en vez de ir al hotel, tenía que irme para mi casa a descansar. Tenía muy claro que si iba a ese hotel iba a terminar jugando en Londres y, aunque eso podría haber sido un sueño, lo cierto es que lo que más me causaba era rechazo. No quería ir a jugar al Chelsea, no importaba lo que me pagasen. ¿Qué hago yo en Londres, con lo que llueve allí? Mi padre me insistió mucho para que fuese, pero decidí no ir.

Él me vio en la cara que no iba a fichar por ese equipo, y decidió respetar mi decisión, porque ponía por delante mi felicidad a los números del cheque que me ofrecían.

Esa fue la primera vez que Lopera, el presidente de entonces, me dijo que me tenía que ir del Betis porque la oferta del Chelsea era muy suculenta. Pero yo le dije que no me iba a ir. Lopera tuvo que salir en rueda de prensa diciendo que el fichaje no se iba a realizar.

Yo era feliz en Sevilla, en mi Betis. ¿Por qué iba a irme? ¿Hay dinero que pueda pagar la felicidad? No. Tal vez en ese momento no fui ambicioso con el dinero, pero fui ambicioso con mi felicidad. La mía, no la de los demás. Si yo me hubiera ido a Londres hubiera ganado más dinero, y seguramente títulos importantes, sí, pero en ese momento valoraba mucho más tener cerca a mi gente y a mi ciudad. Si ya estaba jugando en el club de mis amores, ya lo tenía todo. A lo mejor perdí una oportunidad de crecer como jugador, pero no me arrepiento de haberlo hecho así... **Era lo que quería, y la mayor riqueza fue poder decidir.**

25

CAVIAR CON ALBÓNDIGAS Y TOMATE

Si te preguntan si quieres una lata de caviar, probablemente digas que sí. Es pura inercia, ni siquiera piensas la respuesta. Hay pocas comidas más lujosas que esa, una lata de caviar vale una pasta, pero... ¿es eso realmente lo que quieres comer? ¿Es eso realmente lo que quieres con tu vida?

A veces nos dejamos llevar por lo que se supone que debemos querer, ya sea para comer, en nuestra carrera, en nuestra vida personal... Preguntarse uno mismo qué es lo que realmente quiere, sin importar lo que dicten los demás, es de lo más difícil que hay. Pero si me lo pregunto a mí mismo, lo tengo claro: donde se pongan unas buenas tapitas que se quiten las estrellas Michelin, ¿verdad?

Las albóndigas con tomate son mi plato favorito, las que hace mi madre, no cualquier plato de albóndigas... A mí me ofreces caviar y ese plato, y en nada me ves con alguna mancha de tomate en la ropa. Con los años me he hecho muy aficionado a la pasta, sobre todo después de haber vivido en Italia y haber comido mucha variedad allí. También intento comer algo de verdura, pero es complicado, porque la verdad es que no me gusta nada. Sin embargo, sé que es importante para comer equilibrado y para jugar más tiempo al fútbol, así que me sacrifico y la como. Y donde estén las albóndigas...: ¡que se quite el caviar!

Tengo la sensación de que ahora nos cuesta más darnos cuenta de que las cosas materiales no son tan importantes. El mundo ha hecho que nos obsesionemos por comer en los mejores restaurantes, tener ropa de marca, móviles de última generación o complementos caros. Pero ¿es eso lo que quieres? Si te gusta la ropa cara, adelante, si te gustan los restaurantes buenos..., ¡gástate el dinero en su mejor menú! Pero no lo hagas por lo que se supone que debes hacer, hazlo por ti.

Aléjate del ciclo ese de querer siempre más, mejor, de mayor lujo. Eso son cosas que nos meten en la cabeza y que no sirven para nada. Lo inteligente es saber vivir con lo necesario y tener algo para comprarte un capricho de vez en cuando. Si te fijas, más que el dinero que ganas, es más importante cómo lo gastas. ¿Lo estás haciendo con cosas que te hagan realmente feliz o con cosas que la sociedad dicta que tienes que hacer?

Invierte en ti, en lo que te hace feliz. A mí me hace más feliz un plato de albóndigas con mi familia, con mi madre, mi mujer, mis hijas... que una lata de caviar solo en un restaurante de lujo. ¿Y a ti?

26

ALEGRÍA DE VIVIR

Tienes que tener clara una cosa muy importante: no hemos venido a este mundo para pasarnos la vida trabajando, con preocupaciones y con angustias. La vida es lo suficientemente complicada como para intentar conseguir sacar momentos de felicidad de hasta debajo de las piedras. El esfuerzo y el sacrificio son muy importantes, pero sin los momentos de descanso, de juerga y de risas, nada tiene sentido. Así que no te enfoques solo en crecer, préstale atención también a las cosas buenas y divertidas que tiene tu vida. No es lo mismo jugar un partido de fútbol profesional, que echar una pachanga en la playa con los amigos y después tomarte algo en el chiringuito. Es el mismo deporte, pero con maneras muy diferentes de verlo y disfrutarlo.

A mí por ejemplo me encanta echarme una siestecita cada día después de comer. Me lo pide el cuerpo, es que no puedo hacer nada por evitarlo. No es que me pegue cuatro horas durmiendo tampoco, pero después de entrenar y de comer, necesito dormir un poco para recuperarme y sentirme a pleno rendimiento. Ese momento es uno de los mejores del día, fíjate. Algo tan simple y barato como poder dormir un ratito. Seguro que a ti también te gusta hacerlo. Y si no, pruébalo, verás lo bien que te levantas después. No me siento un vago por hacerlo, porque sé que vengo de esforzarme mucho y que me merezco esos ratitos de descanso. Tu cerebro y tu cuerpo te lo agradecen siempre.

Seguro que podrías hacer una lista de cosas que te hacen feliz de verdad y que has ido abandonando poco a poco. El principal motivo por el que pasa eso es porque pensamos que no nos merecemos ni un segundo de descanso. Para acabar con ese sentimiento de culpa el truco es bien sencillo: haz tus deberes primero y después siéntate tranquilamente a descansar y disfrutar.

¿Cuándo fue la última vez que te diste un capricho sin sentirte culpable después?

Yo no me echo la siesta y miro la tele sin haberme machacado entrenando o comiendo sano. Cada premio viene porque es una recompensa a mi trabajo. Así es imposible sentirme mal conmigo, al contrario. Así consigo motivarme más para darlo todo en el campo, porque sé que cuanto más me esfuerce más grande va a ser el premio que merezca.

Piensa realmente en lo que te gusta. Desde comerte una buena *pizza*, a pasarte la tarde entera jugando con videojuegos. ¡Incluso salir de fiesta! Siempre y cuando eso no influya luego en tu rendimiento al día siguiente. Anda que no hay fútbolistas que podrían haber llegado mucho más lejos si hubieran aprendido a descansar y premiarse cuando toca... Pero si tus horarios te lo permiten, usa tu tiempo libre para ser libre. Al día siguiente irás de mejor humor a tu trabajo, te lo aseguro.

La felicidad no está en los grandes logros, en los títulos ganados. Está en los pequeños detalles: descubrir una nueva canción que te gusta, que tu perro te reciba en casa con entusiasmo, partirte de la risa con tus amigos de toda la vida... No dejes que la obsesión por ser el mejor en tu trabajo te convierta en la peor versión de ti mismo en la vida. Cuidar de estos aspectos es más importante que ganar mucho dinero o ser un *crack* en algo.

Ser feliz no va de conseguir que todo sea tal y como quieres, significa que eres capaz de disfrutar sin importar las circunstancias.

Un día te saldrá todo perfecto y otro día no darás pie con bola. No hay diferencia. Para ser feliz tienes todo lo que necesitas en tu cerebro: el punto de vista.

Llama a tus amigos y sal un rato con ellos, habla más con tu familia y olvídate completamente del pasado. Y, sobre todo, sé agradecido por todo lo bueno que tienes y que te pasa en tu vida. Y, si te apetece, mira un rato la tele, que hoy has hecho algo para ganarte un rato para cuidarte ¡y relajarte!

FUERZA

27

NO TE CORTES

Una de las peores cosas que hemos inventado las personas es el ridículo. Posiblemente el miedo a que la gente se ría de ti es lo que más veces te ha paralizado. ¡Hay que terminar con eso!

Ojo, que tener miedo es una cosa, y hacer el ridículo es otra completamente diferente. Tener miedo es normal, no siempre es malo, a mí me ha llevado a tener una vida más relajada en lo de salir por ahí de fiesta, ya me entiendes. Siempre me he cuidado de hacer cosas raras por eso mismo. Así que tener miedo me ha protegido, sí. El problema es tener miedo de cosas que no merece la pena temer. Como ser el centro de las burlas de los demás por un momento.

Además de que a lo mejor tú piensas que estás haciendo el ridículo y no es así, todo el mundo piensa lo contrario, el cerebro nos juega malas pasadas con este tema.

Piensa una cosa también: nadie es perfecto. No puedes pensar que los demás nunca cometen fallos o se sueltan la melena y se dejan llevar.

Si te comparas con los demás, sé justo contigo mismo. Son tan fallones como tú. A mí no me da miedo fallar un gol cantado, porque sé que todos los jugadores pueden fallarlo o lo han fallado. Si dejase que el

miedo a equivocarme me dominase, si el temor a hacer el ridículo pudiese con todo lo demás, dejaría de chutar por miedo a fallar. ¡Y dejaría de vivir por miedo a equivocarme!

El mejor consejo que te puedo dar yo me lo aplico siempre a mí mismo.

La mejor arma contra el ridículo es ser el primero en reírse de uno mismo. Quitarle cualquier tipo de drama al asunto y sacarle la parte divertida.

Si lo haces, te darás cuenta de que el sentimiento de angustia va desapareciendo poco a poco. Con esto no te digo que si te pasa algo grave hagas como que es lo más gracioso del mundo, simplemente las cosas del día a día que te cabrean o que te da corte hacer, las vuelvas graciosas en tu cerebro. Además, si te tomas las cosas con sentido del humor, todo el mundo a tu alrededor se relaja también y conseguirás rebajar la tensión incluso de los peores momentos.

De verdad, no te cortes. Ni siquiera si en el pasado te has equivocado. Muchas veces nos da miedo volver a revivir algo malo, volver a equivocarnos…, pero, por muy malo que fuese repetirlo, seguro que es peor no hacer nada. Si sigues evitando situaciones por miedo al ridículo, te vas a perder las cosas que valen la pena. Si por miedo no mueves ficha…, ¡eso sí que es un error ridículo!

Chutar y fallar es mejor error que paralizarte y no intentarlo.

28

NADA NI NADIE ES PERFECTO

Si has visto alguna vez en tu vida un partido de fútbol, aunque sea por casualidad, te habrás fijado en una cosa: todos fallan alguna jugada o alguna acción. Todos. Desde el número uno del mundo, hasta el chaval que juega en el recreo del cole. Los fallos y los errores son normales, tanto en la alta competición como en el día a día. Intentar ser perfecto es la excusa para no moverte de tu sitio. «Si no me sale bien, ¿para qué intentarlo?». Pues para conseguir las cosas que quieres, para eso.

Algo muy importante que tienes que saber es lo siguiente: **es imposible gustarle a todo el mundo.** Pensar eso es algo exagerado y radical que no sirve para nada. Por más que te esfuerces en caer bien, siempre va a haber personas que no te soporten y otras a las que les generes indiferencia. Ponerte la presión encima de gustar a todos es una buena forma de paralizarte para dejar de ser tú mismo. Y, por el camino, dejarás de perseguir tus objetivos por miedo a fallarles.

Para quitarte de la cabeza la idea absurda de hacerlo perfecto tienes que aprender a mostrarte humano. Vamos, a reconocer que, como cualquiera, te equivocas, y que, como cualquiera, tienes defectos. Ser vulnerable no significa ser débil, al contrario. Débil es alguien que no quiere afrontar sus fallos y mejorar, que prefiere mirar para otro sitio y ponerse excusas cada día, o culpar de sus males a los demás. Cuando dices en voz alta tus fallos, el resto de las personas tiende a confiar más en ti, porque te ven como lo que eres: una persona humana.

Es imposible cumplir tus metas en un solo día, y habrá algunas que incluso nunca sean posibles. Por eso es muy importante que comiences poniéndote objetivos pequeños. Por ejemplo, si estás comenzando a hacer deporte y tu objetivo es ponerte supermusculoso, levantar muchos kilos de peso y correr más rápido que una gacela, probablemente acabes abandonando al segundo día. En primer lugar, por las agujetas, y en segundo lugar, porque al principio no vas a ver cambios grandes en tu cuerpo ni en tus habilidades. Lo verás todo muy lejano y pensarás que nunca lo lograrás. Si en lugar de pensar así te pones objetivos cortos (perder un kilo de peso, aprender a hacer bien una flexión...) y los cumples, poco a poco irás avanzando y llegarás mucho más lejos. Eso te dará mucha seguridad y te entrarán más ganas de seguir avanzando.

Intentar ser perfecto todo el rato es imposible y esto te va a agotar psicológicamente. A veces las cosas simplemente salen mal. Como mi fichaje por el Real Madrid, por ejemplo. La anécdota es muy bonita y podría haber sido todo perfecto. Una vez, estaba cenando en un restaurante de Barcelona con el resto de chicos de la selección española. Me levanté para ir al lavabo y Raúl González, el mítico capitán de España y del Real Madrid, se levantó también para ir conmigo. Al rato de estar dentro del baño, me giro y veo que está dentro Florentino Pérez, ¡por sorpresa! Raúl se pone a su lado con una sonrisa y el presidente del Real Madrid dice: «Raúl, ¿qué tal le queda el color blanco a Joaquinito?». Y Raúl contesta: «Este tiene que estar vistiendo de blanco mañana mismo». Yo estaba con la boca desencajada, no podía dar crédito. El Real Madrid me quería fichar a mí, ¿quién querría desaprovechar una oportunidad así? Al final, los dos clubes no se pudieron poner de acuerdo y ese fichaje jamás se realizó. Mi carrera no es perfecta como ves. Pero no dejé de jugar al fútbol por eso. A veces las cosas pueden salir bien y otras mal, es parte del juego.

Cuando vemos que alguien consigue algo, nos olvidamos de que para llegar allí ha tenido que fallar muchas veces… y si no se hubiese atrevido a fallar, jamás hubiese podido ganar.

Un acierto del 100 % tiene detrás muchos intentos de 0 %.

29

LA DERROTA FORMA PARTE DEL JUEGO

A mí no me gusta perder ni al parchís. De hecho, no conozco a nadie que le guste perder a nada, por tonto que sea. Te puede dar más o menos igual, pero que te guste perder es imposible. Tampoco conozco a ninguna persona que gane siempre, eso también es del todo improbable. Y estoy seguro de que si yo hubiera ganado todos los partidos de fútbol que he jugado me hubiese aburrido como una ostra. Perder tiene su puntito, te pica, te motiva, te hace mejorar, te pone las pilas. Y, sobre todo, sin la derrota, seríamos incapaces de valorar una buena victoria. Si hasta hay derrotas que saben a éxito…

Pero no todo el mundo sabe gestionar las derrotas, por lo que sea, hay personas que se creen que perder es lo peor que les puede pasar. Incluso cuando no juegan ellos… Conozco gente que hasta deja de cenar si esa tarde ha perdido su equipo. De locos, ¿verdad?

Las derrotas están en tu día a día, en las cosas más simples. Como que el coche de delante se haga con el aparcamiento que se ha quedado libre, así de fácil es vivir una derrota. Llegar tarde a un entreno porque has planeado mal la ruta es otra derrota. Incluso que se te queme un plato que estás cocinando. ¡Y no te quedas sin comer! La próxima ya sabes que tienes que estar más pendiente de la sartén y listo. Si eres capaz de superar estos fallos garrafales y seguir con tu vida, ¿por qué no ibas a poder hacerlo en ámbitos más importantes como tu trabajo o tus relaciones?

Fallar puede motivarte a mejorar o bloquearte hasta fracasar.

Fíjate: cuando una relación de amor se acaba, nos sentimos fatal. Pensamos que nunca más vamos a encontrar a alguien que nos quiera de la misma manera o con el que conectemos profundamente. Luego, con el paso del tiempo, te recuperas y, muy probablemente, en el futuro puedas volver a tener otra relación importante con otra persona. Si te hubieras sentido un fracasado por siempre, jamás habrías superado la ruptura y te hubieras quedado solo en tu casa hasta hacerte viejo. Así de importante es superar las derrotas, para que no nos compliquen la vida.

Cuando perdemos, lo más normal es tener una sensación de frustración. Esto no lo vas a poder evitar si realmente te importa lo que estás haciendo. Si todo te da igual, pues claro, perder no te supone nada, porque estarás bastante acostumbrado. Pero una vez que ese sentimiento

de frustración empiece a bajar en nosotros, es la señal de que podemos pasar página y ponernos manos a la obra de nuevo. No te digo que si pierdes hagas como si nada, sino que no inviertas demasiado rato en sentirte mal. **Puedes aprovechar para analizar todo lo que podrías mejorar y comenzar a trazar un plan para trabajar en ello.**

Tampoco exageres con tus reacciones al perder. Ser un mal perdedor todavía te hace sentir peor, si le sumas la frustración de la derrota a reaccionar mal con el resto de las personas que están ahí, todavía te sentirás más furioso. Eso multiplicará tu rabia y el tiempo que necesitas para calmarte. **Simplemente, reconoce que has perdido, felicita al rival y no te quejes.** La mejor forma de ganar es siendo el mejor, y para ello tienes que practicar cada día.

No podemos viajar al pasado y cambiar aquello que hicimos mal, así que no tiene sentido machacarte reviviendo los peores momentos de la derrota. Si haces eso, más tiempo pasarás frustrado y cabreado. Deja que el tiempo pase y pon tu mente a trabajar en otra cosa. Cuando el árbitro pita el final del partido, está pitando también el final de una semana en la que hemos estado preparando ese encuentro. Una vez se acaba, la semana que viene toca otro equipo y ya no tenemos tiempo de pensar en lo que ha pasado. **Si nos quedamos en el pasado, en el error, en la derrota..., jamás podremos ganar.**

**No mires atrás
y mira siempre hacia adelante.**

30

EN EL PARAÍSO TAMBIÉN LLUEVE

Ser fútbolista de élite es un privilegio de muy pocas personas en el mundo. De los cientos de miles de seres humanos que han jugado a este deporte en todas las categorías posibles, solo unos pocos afortunados conseguimos ganarnos la vida con esto. Soy completamente consciente de que vivo el sueño de muchas personas que se quieren dedicar al fútbol y, por lo tanto, me doy cuenta de que esas personas pueden tener una idea equivocada de lo que puede ser mì vida o la de cualquiera de mis compañeros.

Se podría pensar que por tener el dinero y la fama que tenemos, todos nuestros problemas están resueltos. A nosotros no nos puede afectar la tristeza porque lo tenemos todo, pero eso no es así. Tener dinero, como siempre digo, no lo es todo para mí y lo he demostrado varias veces. Yo no siempre estoy de cachondeo o con bromas, también hay días que me levanto con el pie izquierdo, que discuto con mi mujer por una tontería, o que alguien de mi familia tiene un pequeño susto relacionado con la salud y me preocupo en exceso. Vamos, que en el paraíso también llueve. Y es la misma agua que llueve en todas partes.

A veces, simplemente, por muy bien que te esté yendo, sientes que has perdido una gran oportunidad. Todos los días tomamos decisiones, pero algunas veces esas decisiones son cruciales. Cuando elegí irme de la Fiorentina al ver que no me renovaban, mi primera opción fue un club de la liga inglesa, y luego apareció el Betis. Ahí tuve que tomar una decisión. Nunca sabré lo que hubiera pasado si me hubiese marchado allí, o, en el peor de los casos, si hubiese jugado el año que me faltaba en Italia. ¿Y si hubiese ganado una Champions ese año? ¿Y si hubiera regresado a la selección a tiempo de ganar otra Eurocopa? ¿Y si jamás hubiese ido a jugar aquel partido de juveniles con la selección andaluza? Yo también me planteo muchas veces qué opción habría sido la mejor y si tomé la adecuada.

Es muy fácil verlo todo perfecto desde fuera..., pero no es así. Ninguna vida lo es: todas tienen momentos de «tormenta perfecta» en el que parece que todo va mal. Lo único que puedes hacer es no quedarte a vivir en el «y si», ni atascarte cuando las cosas salen mal.

Quédate con lo bueno del día a día porque, por muy bien que te vayan las cosas, siempre habrá algunas que te vayan mal..., ¡así que mejor hacer brillar las buenas!

Prefiero bailar bajo la lluvia que amargarme porque llueve.

31

SABER PERDER

Ya hemos hablado varias veces de qué significa perder y de cuántas derrotas sufrimos en nuestra vida: importantes y poco importantes. Y si es tan importante para mí hablar de esto es porque me dedico a algo en lo que la victoria es el único resultado posible para mis jefes: la afición. Yo trabajo para ellos, lo tengo muy claro. Sin la afición este deporte no tendría sentido. Pienso mucho en cada persona que ha gastado su dinero en la entrada o en el abono para ver jugar a su equipo, en el niño que va al campo por primera vez, en el señor que lleva décadas abonado en su asiento… Yo soy uno más que pasa por allí durante un tiempo, pero ellos son eternos, son los que le dan validez a lo que hacemos. La afición siempre quiere ganar, al pequeño, al grande, y al supergrande. No tenemos excusas para lo contrario.

Los aficionados te pueden perdonar una derrota, pero no te van a perdonar que no te esfuerces al máximo. El que no entienda esto tiene los días contados como deportista profesional. A los fútbolistas nos educan para ganar, y creo que a las personas en general también. Lo nuestro es un deporte de competición y tiene toda la lógica, pero no creo que la vida sea exactamente eso. Nos enseñan que perder es negativo, ¡pero forma parte de la vida!

Cuando fracasas te sientes menos válido que antes, y es muy fácil creer que no somos capaces de hacer nada. ¡Solo porque nos ha ido mal una cosa! Nos ponemos tristes, nos da coraje, vergüenza... Por eso la actitud es tan importante. Nunca me verás de cachondeo tras una derrota, y menos en público. Sé lo que significa. Pero tampoco me vas a ver dándole más vueltas de las necesarias.

Respeto siempre el dolor de los demás, pero no pierdo ni un segundo en algo que no se puede modificar. Porque perder, en la vida, también puede tener algo positivo para nosotros. Cada vez que perdemos algo, ganamos otra cosa.

Perder es una gran escuela, perder te puede enseñar a ganar. Nos guste o no, cuando perdemos estamos obligados a cambiar algo si no queremos seguir perdiendo en el futuro, así que solo por ese cambio ya estamos mejorando un aspecto o varios de nuestra forma de hacer las cosas. Perder un partido, pero ganar una forma diferente de jugar la próxima vez. Nunca se repetirá la misma situación, pero sí que será semejante. Cuando pierdes, tienes que salir de tu error. Estás equivocado y la forma más fácil de darte cuenta es que no has cumplido con tu objetivo de ganar.

Cuanto antes elimines de tu cerebro el sentimiento de rabia que produce perder, antes podrás ver en qué has fallado... ¡y modificarlo! No te quedes atascado. Coge la derrota y transfórmala en algo positivo. Coge lo que te ha enseñado y conviértelo en tu manera de ganar en el próximo partido.

Perder te puede enseñar a ganar.

32

SABER GANAR

A lo mejor te sorprende mucho esto… ¿Acaso hay que saber ganar? ¡Pero si cuando ganas todo es increíble! ¡Todo va bien! ¡Todo es genial! ¿Qué es lo que hay que aprender exactamente sobre la victoria? Puede parecer que ganar es el final del camino, que es el premio y que una vez llegado ahí no tienes que hacer nada. Solo disfrutar, divertirte y celebrar. ¡Has ganado! ¡Eres el mejor! ¡Eres el jefe! Y no estoy en contra de pensar así, claro que no. Pero solo durante un tiempo. El mínimo posible. Saber perder es importante para levantarte cuando estás hundido, pero saber ganar es muy importante para bajar al suelo cuando estás demasiado arriba.

La victoria tiene una cosa en común con la derrota: duran lo mismo en tu mente. Los buenos momentos y los malos al final van a parar al mismo cajón de los recuerdos. Unos son más agradables de revivir, sí, pero al final te duele un poco darte cuenta de que forman parte del pasado. Y mejor dejarlo ahí.

Hayas ganado o hayas perdido, ese juego es el pasado. Solo puedes coger el presente y prepararte para el futuro.

Y no quiero hablar solo de ganar en el mundo del deporte y la competición. Ahí queda muy claro lo que te he dicho más arriba. Creo que no nos damos cuenta realmente de lo que significa ganar en nuestro día a día. En nuestra vida no nos enfrentamos a contrincantes que vencer, sino que convivimos con muchas personas que, como nosotros, tienen sus propios objetivos y su propio sentido del ganar y del perder.

La victoria mal entendida puede suponer la peor derrota. Un equipo gana el campeonato y apenas retoca su plantilla, puedes pensar: ¿para qué vas a cambiar algo que funciona? Simplemente porque siempre se puede mejorar, aunque sea un porcentaje bajo. Si al ganar te quedas como estabas, perderás las ganas de mejorar que te ofrece la derrota. Uno no gana la Champions porque haya ganado muchas en el pasado, si no te esfuerzas y demuestras que eres el mejor, el siguiente año puedes ser eliminado a la primera de cambio. Si eres malo, demuestra que has mejorado. Si eres el mejor, demuestra que lo sigues siendo. **Ganar no es la meta, sigue siendo parte del camino.**

La verdadera derrota es dejar de intentarlo. Tirar la toalla porque crees que no puedes hacerlo mejor. Siempre puedes hacerlo un poquito mejor cada día. Por pequeño que sea, cada avance suma. Si actuamos de forma mecánica, perdemos intensidad y ganas, y eso es una derrota silenciosa, pero potente. Mantén vivo el deseo de ganar siempre y no lo dejes morir. Siempre encontrarás a alguien que ha sido mejor que tú en el pasado, puedes medirte con él e intentar superarle o igualarle.

Ganar es un momento concreto, te hará sentir muy feliz por conseguir tus objetivos, algo que igual ni pensabas que eras capaz de lograr, pero sigue siendo un momento puntual. Si escalases una montaña te darías cuenta de que llegar a la cima es el premio, pero pasas más tiempo escalando y bajando que allí arriba. Porque tienes que hacerlo, porque tienes que volver a tu vida. No puedes quedarte a vivir en el pico de la montaña, eso sería imposible.

El esfuerzo que tienes que hacer cuando ganas es el de forzarte a tener una conversación contigo mismo y ver las cosas como si esa victoria no hubiera sucedido. Porque cuando ganas, el trabajo sigue. A no ser que quieras quedarte con una sola victoria... Si quieres eso, ponte a celebrarlo como un loco y piénsate que eres el mejor. No hay nada que te asegure más una próxima derrota que confiarte cuando ganas. **Celebra las victorias, disfrútalas, pero que la fiesta no te haga perder en la próxima partida.**

Celebra el gol y vuelve a tu campo. El partido sigue.

ARTE

33

RECOGER LOS FRUTOS (Y DISFRUTARLOS)

Veo mi carrera y los números me gustan: soy el segundo jugador de la historia de la Liga con más partidos disputados, el segundo jugador de la historia del Betis que más veces se ha puesto la camiseta, y además soy su capitán. He jugado más de cincuenta veces con la selección española absoluta, jugando dos Eurocopas y un Mundial, he ganado la Copa del Rey dos veces y he podido jugar en cuatro equipos diferentes de dos países. Cuando pienso en todo eso, me siento satisfecho: porque nadie me lo ha regalado. ¡Es el resultado de mi trabajo!

Para recoger los frutos, hay que sembrarlos. En el futbol, en la oficina, en la vida en general. Sin embargo, muchas veces nos pasamos tiempo trabajando duro y no vemos los resultados que nos gustaría ver. Vamos a ciegas y es normal que nos dé por rendirnos. Pero todo esfuerzo, tarde o temprano, tiene su premio. Durante un partido de fútbol, el primer gol puede tardar en llegar casi noventa minutos. Puedes estar todo el partido atacando contra un equipo que se defiende con uñas y dientes, pero si insistes y perseveras, el gol acaba llegando. Lo que no puedes hacer es si a las primeras de cambio no marcas, quedarte de brazos cruzados.

Seguro que alguna vez has oído lo de «¿Cuál es el truco para hacer esto?». El truco es trabajar, probar, fallar, analizar, volver a probar… El éxito requiere tiempo. La impaciencia puede provocar que tires la toalla justo cuando casi lo tenías.

Esto es como todo: el primer día que empiezas una dieta no vas a ver resultados, no tendrás el físico de un atleta en 24 horas. Lleva su tiempo ver los cambios, pero cuando pasan unas semanas y vuelves a pesarte, el premio se nota enseguida. Pero si comes sano tres días y al cuarto te comes una *pizza* entera con cerveza, todo lo que avanzaste lo pierdes de un plumazo.

La Liga no se gana en los primeros partidos, hay que competir hasta la última jornada, cueste lo que cueste. **El premio, al final, solo viene por el trabajo hecho durante casi un año… y entonces, solo entonces, puedes disfrutar de lo conseguido con los tuyos.**

34

NO TE CONFORMES

El problema de ponerte un objetivo es que cuando lo cumples, ¿qué te queda? ¿Cómo te vuelves a motivar para empezar con otra cosa? Una vez recibes el premio que te has ganado, no te pones a pensar en seguir haciendo lo mismo que has hecho. Las metas tienen un doble filo. Son geniales cuando las consigues, pero pueden volverse en tu contra al bajar el anhelo de seguir adelante. Para mí, las mejoras son diarias y constantes. No quiero alcanzar una meta de aquí a un mes, quiero aumentar poco a poco mis capacidades cada día, aunque sea solo un uno por ciento. **Todos los pocos al final suman un mucho.**

Creo que me ha servido mucho más tener una rutina constante y una disciplina que cualquier otra cosa. Incluso que la motivación. Porque la motivación es algo que está ahí un tiempo, pero te puedes levantar un día con pocas ganas de esforzarte y dejar de hacer tu trabajo. Puedes haber dormido mal, discutido con alguien, tener un mal día, y la motivación baja de golpe. No puedes basar tu vida en eso porque no depende de ti muchas veces.

Te pondré un ejemplo. Si cada día te marcas el objetivo de hacer veinte flexiones, siempre puedes hacer esas veinte flexiones, y una más de regalo. Una más no te supone un gran esfuerzo, pero si cada día haces una más, al final del año habrás hecho más de trescientas flexiones extra. Habrás mejorado mucho más que si te hubieras quedado en esas veinte. Si ese uno se lo sumas a cada movimiento de tu cuerpo, imagínate la mejora total que puedes conseguir solo con ese mínimo esfuerzo. Un movimiento más no es nada, ¿verdad? Pero si cada día lo vas acumulando, el resultado final es mucho más grande que el del objetivo de hacer solo veinte. Las metas son importantes, pero más importante es buscar mejorar cada día un poquito más.

Si estás todo el día sin moverte y tienes poco tiempo para hacer ejercicio, tienes dos opciones: seguir como hasta ahora sin moverte, o moverte a tope durante 10 minutos al día. Al final del año, el que se quedó en el sofá probablemente tenga peor salud y peso que el que optó por hacer ese mínimo de ejercicio diario. Esa mejora pequeñita es muy poderosa si la conviertes en tu rutina diaria.

Una vez que esa mejora constante sea tu día a día, notarás grandes cambios a mejor en tu vida. Puede que estés más en forma, tengas mejor rendimiento en tu trabajo, tu familia se sienta más querida por ti... Pero llegará un punto en el que cuando domines esto, tengas que volver a esforzarte un poco más. Cuando hacer un movimiento pequeño extra no suponga un gran esfuerzo, te tocará cambiar el punto de vista. Tendremos que retarnos a nosotros mismos. ¿Y si en lugar de hacer un número determinado de

flexiones hago tantas flexiones como pueda? Quedarte cerca de tu límite te hará conseguir más beneficios que simplemente marcarte un objetivo concreto. **¡Siempre se puede mejorar! Cambia tu rutina y tus hábitos y tu vida entera cambiará.**

Si estás en baja forma, haz algo para empezar a mejorar poco a poco. Si no te gustan las relaciones que tienes, no te conformes y busca un cambio lo antes posible. Si no eres feliz en tu trabajo, cambia de sitio o haz lo imposible por mejorar tu situación ahí dentro.

Igual que no toleras que te traten mal o que te falten al respeto, no lo hagas tú tampoco contigo mismo. Deja los miedos a un lado y mira de frente a aquello que quieres lograr. Cuando yo era un niño no pensaba en ganar títulos con el Betis, ni siquiera soñaba con ser jugador de fútbol profesional, en general. Lo que hice fue esforzarme día a día, no importaba si me apetecía más o menos, y jamás he dejado de hacerlo. Si me hubiese conformado, ya hace rato que no estaría jugando. Durante un tiempo te sirve la motivación, la buena forma de cualquier cuerpo de veinte años, pero al final solo la constancia y el esfuerzo te harán ir un paso más allá.

La vida es muy corta como para no intentarlo.

35

LA EDAD ES SOLO UN NÚMERO

Cuando un futbolista profesional cumple treinta años se empiezan a activar todas las alarmas. Entra en su madurez como deportista de élite. Normalmente la retirada se produce entre los treinta y cinco y los treinta y siete años, eso si te han respetado las lesiones, si no, es posible que un poco antes. Algunos suelen llegar hasta los cuarenta, pero la gran mayoría son porteros. Yo, con treinta y ocho años, conseguí marcar tres goles en un partido, un señor *hat-trick*. A esa edad muchos delanteros pueden conseguirlo en la videoconsola, pero no en el campo.

Puedes centrarte en los años que has vivido o ponerte las pilas con los años que te quedan por vivir.

¿Sabes dónde tiene más impacto la edad que tienes? No, no es en las rodillas o en los abdominales. Donde más se nota es en la cabeza. Si te convences de que eres demasiado mayor para conseguir algo, lo será: tú mismo lo has decidido antes siquiera de intentarlo. Es una buena excusa para ni siquiera intentarlo, pero no te engañes: podrías hacer la mayoría de cosas si te dejas de excusas. No digo que tengas la misma agilidad que a los veinte, ni que de repente batas un récord Guinness haciendo un maratón con cien años... Me refiero a aquellas cosas que te gustaría hacer (ya sea empezar a hacer o seguir haciendo) de las que te convences que ya es demasiado tarde, cuando no es así.

Mi autoestima y mi sentido del humor están intactos precisamente porque me da igual la edad que tengo y a mis entrenadores también, me tratan como uno más porque yo me comporto como uno más. No exijo nada por ser más mayor, ni pido favores por ser el más mayor. Al contrario, ayudo en lo que puedo a todos los demás porque tengo más experiencia, nada más.

La edad, más que un número, es un rango de números. Hay jóvenes de cuarenta y viejos de veinticinco. Lo que les diferencia es la actitud que tienen en la vida. Cuando te vas a comprar un coche, está bien saber su año de fabricación, pero lo que realmente valoramos es el número de kilómetros que tiene y si está o no bien cuidado. Ya ves que con las personas pasa lo mismo. Uno de treinta que fuma, bebe y no hace ejercicio,

está peor que un hombre de cincuenta años que corre cada día y cuida mucho lo que come y lo que descansa.

La actitud es así de importante; no es más joven el que menos años tiene, sino el que más ilusión tiene por hacer y conseguir cosas, el que más se ríe, el que más ganas tiene de expandirse y aprender, de vivir más. Veo a jóvenes fútbolistas que van a jugar y a entrenar sin ganas y sin ilusión, y ellos son más viejos que yo sin dudarlo, porque ya no van a por más.

¡La edad de la mente es más importante que la del calendario!

36

PARTIDO A PARTIDO

El día que empiezas en el trabajo de tus sueños es imposible pensar en cómo será el último día. Al principio tienes todo por descubrir, miles de posibilidades, tienes el mundo a tus pies. Sin embargo, eso se terminará algún día. Todas las carreras, sean largas o cortas, tienen un final. En mi caso sé que estoy cerca, y eso que por ahí ya he visto algún meme en internet de Joaquín con ochenta años jugando todavía, pero creo que tan lejos no llegaré.

Sin embargo, no me preocupa en absoluto lo que pase cuando llegue ese momento de colgar las botas, porque ahora mismo no es ese momento. Trato de vivir siempre en el presente, pensando únicamente en el siguiente entreno y en el próximo partido. Es lo que me mantiene enfocado y con la mente trabajando en algo positivo. ¿De qué me sirve anticipar lo que puede pasar de aquí a unos meses o años? Sé que cuando me retire me gustaría estar vinculado al Betis de alguna manera, sea como sea, porque es mi casa y se lo debo todo. Pero no me he puesto a decidir en qué, porque por ahora soy el capitán del equipo, un jugador en activo.

La felicidad siempre está delante de nosotros por mucho que tengamos un mal día o deseemos siempre vivir en el mejor momento. Es muy fácil poner la felicidad siempre en el futuro: «Seré feliz cuando gane millones de euros por jugar». «Seré feliz cuando me fiche un club de primer nivel». «Seré feliz cuando juegue un Mundial». Pero la felicidad como meta, solo dura un momento..., así que, en vez de centrarte en el futuro, enfócate en el ahora, en el presente: eso es lo que está en tu mano, eso es lo que puedes disfrutar hoy.

¡Deja el mañana para mañana!

37

CAPITÁN DE TU VIDA

Hay varios motivos por los que un jugador suele llegar a ser el capitán de su equipo, y la antigüedad es un factor muy importante. Si eres de los que más temporadas llevas en el primer equipo, conoces cómo funciona el club por dentro, conoces a la prensa de la ciudad, y sabes cómo son los aficionados y qué nivel de exigencia tienen con tu equipo, ganas puntos para ser capitán. Con toda esta información puedes tener lo necesario para ayudar a tus compañeros a dar lo mejor de sí mismos, y defenderlos bien en el terreno de juego cuando toca hablar con el árbitro. La otra opción es convertirte en el jugador de referencia y el que más atención atrae por parte de todo el mundo.

Imagínate que tu vida es un equipo de fútbol, y que los jugadores son todas las personas que conoces, incluyéndote a ti, por supuesto. ¿Quién sería el capitán? ¿Quién es la persona que más tiempo lleva en tu vida y la que es el centro y el principal protagonista de tu juego? Si no me equivoco, debes de ser tú... El resto de las personas son importantes, claro, pero ellas también juegan para sí mismas. Tú debes hacer lo mismo.

Así que si eres el capitán, eres el encargado de tirar del carro el primero, de llevar las riendas de tu vida por donde más te interesa, ¿no? Si estás

en un trabajo que te aburre o que no te permite progresar como quieres, tendrás que tomar la decisión de hacer un cambio de aires, por ejemplo. No puedes esperar a que tus jefes se den cuenta de que no eres feliz y ellos mismos te busquen otro empleo en otra empresa. Eso no ha pasado en la vida. Si un jugador no es feliz en el equipo, puede forzar la situación para marcharse, como lo hice yo en la Fiorentina. Si no estás en el lugar correcto..., ¡cámbialo! Si no estás con la pareja adecuada porque no sientes que seáis el uno para el otro..., ¡deja la relación! Tienes más poder sobre tu destino del que te crees. **Deja de ver tu vida como un espectador y toma el papel de protagonista.**

La diferencia entre vivir e ir tirando está en ser lo suficientemente valiente como para tomar el timón del barco y llevarlo al puerto que deseamos. Dejarse llevar no siempre tiene que ser la primera opción. Si el balón no pasa cerca de tu zona del campo, ve a buscarlo tú, pide que te lo pasen, muévete, haz algo. No puedes quedarte quieto como si fueses el muñeco de un fútbolín.

Al principio puede darte miedo tomar decisiones importantes, pero la mejor forma de vencer ese miedo es tomar la decisión sin más. Te darás cuenta de que no era para tanto tampoco, que la vida va a seguir igual. Evitar lo que nos da miedo nos genera todavía más pavor. El día que decidas ponerte en marcha y comenzar tu nueva vida, verás lo rápido que se va el miedo de allí.

Si no decides tú, ¿quién decide por ti?

Cuando tomas el control de tu vida, descubres que tu estado de ánimo no depende de las cosas que pasen a tu alrededor. Ni el tiempo, ni el tráfico, ni un comentario negativo de otra persona te van a poner de mal café para toda la mañana. Estarás enfocado en lo tuyo sin pensar en lo de los demás.

Si eres una persona a la que le cuesta decir que no a las peticiones de los demás, no estás tomando el control: no estás siendo el capitán. Debes quererte el primero, y pensar en si lo que te piden los demás es lo que deseas o no. A veces nos da miedo tomar las riendas porque tenemos miedo al fracaso, pero ese es sin duda el mayor fracaso: el miedo a intentarlo. Si en tu mente tienes la idea de que las cosas no van como deberían y sabes lo que quieres hacer, tienes que trazar un plan y ponerte en marcha ya.

¡Tú eres el capitán del equipo!

38

SIGUE VIVIENDO, SIGUE RIENDO

Mientras quede tiempo en el reloj, tienes que seguir jugando el partido. No queda otra. Da igual que ganes de cinco goles o pierdas de ocho. El partido sigue igualmente hasta que el árbitro pite el final. Se te hará más largo o más corto en función de cómo te vaya el marcador, pero al final el tiempo es lo de menos. Cada segundo cuenta, y en cada segundo podemos hacer algo para cambiar el rumbo. Mi filosofía de vida es muy sencilla, por eso creo que conecta con mi gente. Mientras tenga un hilo de vida intentaré siempre ser feliz y hacer reír a los demás. Sin la risa, nada tiene sentido. Al menos para mí.

Si miras a tu alrededor verás que hay gente que en lugar de luchar por mejorar y tener pequeños premios en forma de felicidad, está todo el rato buscando la vuelta para quejarse, para estar decaído, para ser infeliz... Cuando te enfocas en buscar la parte mala de todo es fácil encontrarla, ser negativo es lo más sencillo del mundo, pero también lo más perjudicial para uno mismo. Encontrar motivos positivos en las cosas malas es un esfuerzo mayor, pero una vez que entrenas esa habilidad, tu día a día se vuelve mucho más agradable. Al principio cuesta y cansa, pero una vez le pillas el truco nunca más vuelves al lado oscuro.

Disfruta, coge lo bueno que te pasa y dale el protagonismo que merece. Aprovecha las cosas buenas que te rodean, ilusiónate con las tonterías que te hagan gracia. Entrégate a tus amigos, a tus familiares y a la gente que lo necesita. Creo que vivir es así de simple… porque todo es mejor con una buena carcajada.

Cuando transmites alegría de vivir todo el mundo quiere estar cerca de ti. La gente optimista, que no critica, que no se queja, atrae a los demás. Si transmites confianza y alegría, los de tu alrededor lo notarán y te lo devolverán multiplicado.

Todo lo malo se pega... y lo bueno ¡también!

39

CAMPEONES (DE LOS SUEÑOS CUMPLIDOS)

Hay dos tipos de jugadores de fútbol: los que salen al campo sin ganas, sin energía, sin motivación, se tiran al suelo al primer roce, buscando una falta inexistente, y los que lo dan todo sea quien sea el rival, corren con todas sus fuerzas, buscan el gol hasta el minuto noventa, nunca dan un balón por perdido. A lo largo del tiempo, los que suelen acabar triunfando son los segundos, no porque la suerte los acompañe, sino porque trabajan duro y se divierten con su trabajo.

Comencé a jugar al fútbol con apenas seis años y sin tener ni idea de cuál era el reglamento. Jugaba en la calle toda la tarde con mis amigos. El fin de semana me levantaban temprano sin problemas para jugar hasta en dos equipos a la vez. Después me centré de verdad en el fútbol y pude acabar fichando por la cantera del Betis. Con el paso del tiempo, fui subiendo de categoría y acabé afianzado en el segundo equipo. Jugué con la selección andaluza y después llegué al primer equipo en segunda división, después debuté en primera. Tengo casi cuarenta años y todo este viaje se me ha hecho realmente rápido. Cada objetivo que me marcaba lo lograba con esfuerzo y dedicación. Cuando mi carrera está a punto de terminar, me doy cuenta de que de todos los partidos que he jugado y de todos los goles que he metido, **el verdadero título que he conseguido** ha sido el siguiente: **ser feliz con lo que hago en la vida.**

Para poder alcanzar tus sueños, el primer paso que tienes que dar es el de no ponerte excusas. Los sueños son difíciles de alcanzar, pero no imposibles, para ello tienes que vencer los obstáculos que te aparecen. Como cuando casi dejo el fútbol por aquel entrenador que no me ponía. Finalmente resistí y pude volver a ser titular.

Tener buena salud y forma física siempre es lo primordial, tanto para un deportista como para cualquier ser humano. Con el paso del tiempo aprendí que si me alimento bien, mi rendimiento en todos los aspectos

mejora mucho. Así he podido alargar mi carrera más años. Durmiendo bien y con un buen control por parte de los profesionales del club. Estar saludable ha sido mi gran arma desde que regresé al Betis con la edad de retirarme. Además, cuando tienes buena salud tu energía se multiplica y eres capaz de rendir al máximo. ¡Hasta te vuelve más inteligente!

Con salud y alegría, si miras tu vida, verás que lo mejor que has conseguido tiene que ver con lo que estaba en tu mano. Aquello por lo que has luchado, aquello que has valorado, tus orígenes... Porque, **vayas donde vayas, recuerda de donde vienes.** Por muchos reconocimientos y premios, recuerda que no serías quien eres sin tus raíces. Yo sé que siempre seré Joaqui el Chino, ¡y con mucho orgullo!

Sé positivo y aprende a reírte en los malos momentos. Tenemos que aceptar que no todo sale bien a la primera, pero cada vez que fallamos estamos más cerca de encontrar la solución al problema. La primera vez que consigas un objetivo te darás cuenta de que puedes conseguirlos todos porque el sistema es el mismo: rutina, disciplina y sentido del humor.

Siempre que juegues partido a partido, sin agobiarte pensando en el futuro, ni perder el tiempo recordando el pasado, llegarás a donde quieras. Sacrificarte incluye pasarlo mal durante un tiempo, pero si vale para conseguir lo que quieres, merece la pena sufrir un poco. Si fuese fácil, no tendría gracia, te lo aseguro. No te rindas, a veces tienes que pelear varios combates para vencer, pero si insistes y trabajas lo acabas consiguiendo.

**¡No te rindas,
sé constante!**

40

VIVIR CON ARTE

Y después del 39, llega el 40... No me refiero a los capítulos del libro, sino a mi edad. Después de casi cuatro décadas en este planeta, y más de la mitad jugando al fútbol de manera profesional, la mayor enseñanza que he aprendido es que solo tenemos una vida y la tenemos que disfrutar al máximo. Tenemos que vivir con arte, como decimos en el sur.

Esa mentalidad de la que tan orgulloso me siento, ese estar vivo, es algo muy de aquí abajo: tenemos fama de ser alegres y despreocupados, porque tenemos el arte en las venas desde que nacemos. Pero da igual donde hayas nacido: de ti depende dejar los malos rollos a un lado y aprender a tomar las riendas de lo que quieres hacer en la vida. Con esfuerzo, motivación y disciplina podemos llegar tan lejos como soñemos. ¡Somos nuestros propios jefes!

Estos primeros cuarenta años han sido espectaculares para mí, y mientras el cuerpo me siga seguiré viviendo con arte. En el campo de fútbol, en mi casa, cuando veo a alguien por la calle (aunque no lo conozca)..., repartir alegría es gratis, y todos ganamos: tú y los que están a tu alrededor. Reír, pase lo que pase, siempre vale la pena. Puede pasarte algo muy triste o muy grave, pero tarde o temprano, la risa vuelve a aparecer y nos ayuda a recordar todo lo bueno que también nos ha pasado.

Es imposible que todo sea bueno, solo faltaría. No podemos controlar esas faltas directas que nos lanza la vida como si fuese el rival más duro. Pero ante una falta, ¿cómo te quedas? ¿Te bloqueas? ¿O te levantas y sigues con el partido?

Sigue con el partido, levántate. ¡Y vive con arte!

ÍNDICE

ACTITUD

CONSTANCIA

EQUIPO

ARTE

«Para viajar lejos no hay mejor nave que un libro».

EMILY DICKINSON

Gracias por tu lectura de este libro.

En **penguinlibros.club** encontrarás las mejores recomendaciones de lectura.

Únete a nuestra comunidad y viaja con nosotros.